数字化时代农户迁移行为的经济学分析

段小力　赵威　杜为公◎著

Economic Analysis of Rural-urban Migration Behavior of Farmers under the Background of Digitalization

中国经济出版社
CHINA ECONOMIC PUBLISHING HOUSE
北 京

图书在版编目(CIP)数据

数字化时代农户迁移行为的经济学分析 / 段小力，赵威，杜为公著．--北京：中国经济出版社，2024.4

ISBN 978-7-5136-7577-2

Ⅰ．①数… Ⅱ．①段… ②赵… ③杜… Ⅲ．①农民-人口迁移-研究-中国 Ⅳ．①C922.2

中国国家版本馆 CIP 数据核字(2023)第 227368 号

责任编辑 丁 楠
责任印制 马小宾
封面设计 久品轩

出版发行 中国经济出版社
印 刷 者 北京艾普海德印刷有限公司
经 销 者 各地新华书店
开 本 710mm×1000mm 1/16
印 张 14.25
字 数 240 千字
版 次 2024 年 4 月第 1 版
印 次 2024 年 4 月第 1 次
定 价 78.00 元
广告经营许可证 京西工商广字第 8179 号

中国经济出版社 **网址** http://epc.sinopec.com/epc/ **社址** 北京市东城区安定门外大街 58 号 **邮编** 100011
本版图书如存在印装质量问题，请与本社销售中心联系调换(联系电话：010-57512564)

序

在城市化浪潮下，中国劳动力的城乡迁移方式以“家庭户”为基本单元，以梯度、“链式迁移”为主要特征，不同迁移阶段、不同类型的农户家庭的城市接纳方式有其异质性特征。农户乡—城迁移行为既是实现农村农业现代化的要求，更是我国经济全面迈向高质量发展的最大空间、最大潜力、最大优势所在。

农户乡—城迁移行为有其现实基础。其一，农民工就业的稳定性显著提升，农村劳动力转移的“家庭化”趋势明显。其二，新生代农民工对城市适应性强，融入城市欲望强烈。20 世纪 60—80 年代“婴儿潮”时期出生的进城农民工已步入中年，并逐步退出城市，他们的子女开始成为城市工人的主要构成部分。20 世纪 90 年代以后出生的 16 周岁及以上的青年农民工已经超过 1 亿人。新生代农民工多数不熟悉农村的农业环境，不具备从事农业生产的技能，不会再回到农村。

虽然新生代农民工中的大多数人在户籍上还属于农民，但其在城市成长甚至出生在城市，心态上已经从上一代农民工的“城市过客”变成了“城市主体”。新生代农民工对土地的情结弱化，思想观念、生活习惯、行为方式已日趋城市化。新生代农民工代表着农民工的主流，渴望市民身份认同、待遇平等及融入城市，正由“亦工亦农”向“全职非农”转变，由“城乡双向流动”向“融入城市”转变，由“寻求谋生”向“追求平等”转变。

国内外学者关于农户乡—城迁移行为的基本理论和逻辑关系方面的

研究取得了一系列重要成果，为本书提供了丰富的理论依据和方法指导，是本书后续研究不可或缺的基础与思想源泉。但已有研究存在以下不足：首先，针对农民工迁移理论的研究较多，有关城市接纳方式理论的研究较少；其次，对劳动力迁移与城市融入的关系研究只关注了单一个体的迁移，而忽视了农户的不同情形和不同阶段的迁移过程；再次，研究大多集中于城镇化视角，从数字化视角研究的文献较少；最后，针对农村劳动力迁移行为的研究较为全面，关于“链式迁移”的研究较少。在数字化时代，数字化技术、大数据在劳动力市场的供求均衡中的作用越来越大，并在农民工就业的影响要素中占据重要地位。在当前推进“数字中国”战略和“新型城镇化”战略的背景下，农户家庭成员乡—城“链式迁移”的城市接纳方式和政策还有待深入探索和研究。

农户家庭成员乡—城迁移行为是扩大内需、促进国民经济均衡发展、推进新型城镇化的需要。根据国家统计局的数据，2022 年，中国城乡居民收入比是 2.45∶1，人均消费水平比是 1.82∶1，农村居民在主要耐用消费品、公共服务、住房质量和卫生环境方面落后于城市居民。伴随农村剩余劳动力向城市的整体迁移，迁移主体从“农民工个体”向“农户家庭”发展。农户家庭成员的乡—城迁移行为，无疑将为数字化时代保持经济平稳、均衡、较快发展提供重要支撑。

农户家庭乡—城迁移行为是加快产业结构优化升级的需要。农民工的个体迁移导致其不能在城镇定居而只能在城乡之间流动，农民工个体的生活幸福感和城市归属感受到制约。劳动力流入城市，但企业不能形成稳定的、可持续发展的产业大军，对企业的人力资本积累、技术进步和产业转型升级造成了不利影响。不论是可持续地加强传统产业的技术改造，还是发展高端制造业或先进制造业，抑或是加快发展新兴服务业，都需要为农户家庭整体在城市定居创造条件。

通过对国内外文献分析，批判地继承国内外研究成果，作为农户乡—城迁移行为研究的主要理论依据和逻辑起点。本书的边际学术贡献主要有以下几个方面：

第一，将农户家庭作为一个整体纳入经济学分析框架。现有研究劳动力转移的文献颇为丰富，但把农户家庭整体纳入经济学分析框架的鲜有见到。本书基于农业经济学的核心观点，把农户家庭要素内生化，将农户整体作为新的决策变量纳入经济学分析框架，分析数字化时代背景下农户家庭整体的迁移阶段性规律及城市接纳方式，实现了研究对象的创新。

第二，探讨农户乡—城迁移行为的效用。本书基于1997—2020年的农户及农民工迁移数据，构建农户迁移指标体系。通过效用分析和成本收益分析，研究就业机会、工资水平、社会保障、营商环境、受教育程度等因素对农户迁移行为决策的线性影响，实现了研究视角的创新。

第三，探讨不同阶段迁移行为的城市接纳方式。在数字化条件下，就业流动性和灵活性是长期存在的现象。在数字化时代，由于技术进步、产业结构快速调整，很难在一个地方工作一辈子，也很难在一个岗位、一个行业工作一辈子，很有可能要面对不断换工作的现实。本书在数字化背景下，对农户家庭成员的“链式迁移”与城市接纳方式给出了合理解释和对策建议，实现了研究内容的创新。

第四，探讨数字化时代背景下促进农户家庭乡—城迁移的路径。在数字化时代，针对融入城市的农户家庭，城市接纳方式的选择是激发民间投资新活力的因素，应改善和优化城市营商环境，扩大社会保障范围，提高融入城市农户家庭对城市环境的综合评价水平。

除了上述四个方面，本书尚有其他积极的学术贡献，在此不再一一赘述。目前，国内外关于农民工乡—城迁移的经济学分析的学术论文较为丰富。但是，在数字化条件下研究农户家庭迁移与城市接纳方式的专著甚少，尤其是对农户家庭“链式迁移”的研究，显得尤为短缺。因此，本书对于完善新型城镇化理论、发展经济学理论具有很高的边际贡献，期望本书能够引起同行的关注，把数字化时代农民工乡—城迁移的研究引向更深、更广泛的领域。同时，本人期待段小力、赵威和杜为公教授在这个领域继续坚持探索，作出新的贡献。

*

2023 年 10 月

* 黄恒学：北京大学政府管理学院教授，博士生导师，公共经济学系主任。

目 录

1 导论

1.1 研究背景与研究意义

1.1.1 研究背景

《中共中央关于制定国民经济和社会发展第十三个五年规划的建议》提出："十三五"期间促进有能力在城镇稳定就业和生活的农业转移人口举家进城落户。2016年《政府工作报告》提出：实现1亿左右农业转移人口和其他常住人口在城镇落户，完成约1亿人居住的棚户区和城中村改造，引导约1亿人在中西部地区就近城镇化。《国家新型城镇化规划（2014—2020年）》提出：推进农民工融入企业、子女融入学校、家庭融入社区、群体融入社会，建设包容性城市。《国家发展改革委关于印发〈2019年新型城镇化建设重点任务〉的通知》提出：突出抓好在城镇就业的农业转移人口落户工作，推动1亿非户籍人口在城市落户目标取得决定性进展。农民工和农户家庭是城镇常住人口，是最易于户籍城镇化的人口，是最有能力在城市落户、稳定就业和稳定生活的农业转移人口。2023年7月24日中共中央政治局会议强调，"要加大民生保障力度，把稳就业提高到战略高度通盘考虑"。在数字化时代，群众的价值诉求、生产生活方式都在发生着巨大变革，农户乡—城迁移既是实现农村农业现代化的要求，也是布局新型城镇化的核心要点，更是我国经济全面迈向高质量发展的最大空间、最大潜力、最大优势所在。

统计数据显示，2022 年我国常住人口城镇化率为 65.22%，户籍人口城镇化率约为 45%。究其原因，一方面是城乡二元体制改革的滞后，另一方面是城市需要承担的公共服务成本增加。2010 年我国农民工总量约为 2.42 亿，其中外出农民工约为 1.53 亿。2015 年我国农民工总量约为 2.77 亿，其中外出农民工约为 1.69 亿。① 2016 年我国农民工总量约为 2.82 亿，其中外出农民工约为 1.69 亿。2017 年我国农民工总量约为 2.87 亿，其中外出农民工约为 1.72 亿。② 2018 年我国农民工总量约为 2.90 亿，比上年增加 303 万。③ “十三五”期间每年新增农民工 350 万~450 万，人口城市化率约为 60%。2010—2022 年我国农民工规模与结构情况如表1-1 所示。

表 1-1　2010—2022 年我国农民工规模与结构情况　　单位：万人

	2010 年	2011 年	2012 年	2013 年	2014 年
农民工总量	24223	25278	26261	26894	27395
1. 外出农民工数量	15335	15863	16336	16610	16821
(1)个体外出数量	12264	12584	12961	13085	13243
(2)举家外出数量	3071	3279	3375	3525	3578
2. 本地农民工数量	8888	9415	9925	10284	10574
	2015 年	2016 年	2017 年	2018 年	2019 年
农民工总量	27747	28171	28652	28955	29007
1. 外出农民工数量	16884	16934	17185	17385	17405
(1)个体外出数量	13264	13585	13710	13899	13908
(2)举家外出数量	3620	3349	3475	3486	3497
2. 本地农民工数量	10863	11237	11467	11570	11602

① 2015 年数据参见国家统计局，http：//money. 163. com/16/0229/11/BH06M8S800253B0H. html.

② 在乡村掀起一轮“进步运动”很有必要[EB/OL]. 搜狐财经_搜狐网，https：//www. sohu. com/a/224200038_671828.

③ 2018 年我国主要宏观经济数据公布　国内生产总值首次突破 90 万亿元[EB/OL]. 新闻频道_央视网(cctv. com)，http：//news. cctv. com/2019/01/21/ARTIyQFSM9yncAzFUHTkNwEm190121. shtml?spm=smpc. content. content. 1. 154848054686047NwLwk.

续表

	2020年	2021年	2022年		
农民工总量	32468	32672	33141		
1. 外出农民工数量	20760	20537	20769		
(1)个体外出数量	17237	17002	17190		
(2)举家外出数量	3523	3535	3579		
2. 本地农民工数量	11708	12135	12372		

数据来源：2010—2017年数据：《全国农民工监测调查报告》；2018—2022年数据：国家统计局发布的国民经济和社会发展统计公报_全国[EB/OL]. http://www.sohu.com/a/298381182_114731.

国家统计局数据显示，2022年全国农民工总量超2.95亿(见图1-1)。预测数据显示，2020—2030年每年将新增农民工200万~300万，到2030年农民工总量将突破3.00亿，其中多数是举家迁移的农民工，人口城市化率将达到68%~70%。在外出农民工中，跨省流动的有7061万，比上年减少69万，下降1.0%；省内流动的有10129万，比上年增加87万，增长0.9%。从输出地看，中部地区跨省流动农民工占外出农民工的比重为55.6%，西部地区为47.5%，东北地区为31.4%，东部地区为15.0%(见表1-2)。

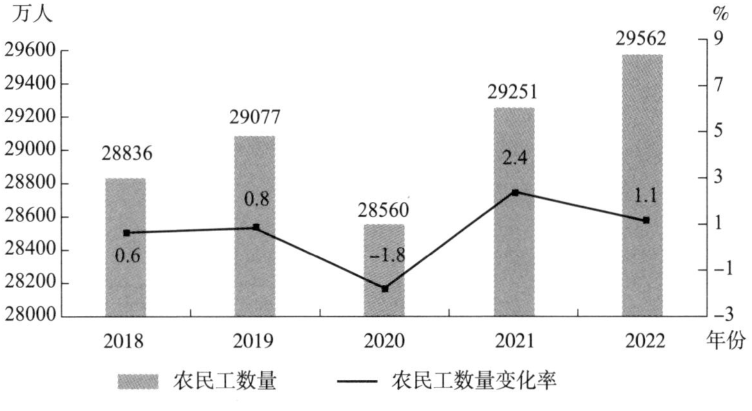

图1-1　2018—2022年农民工数量的变化

表 1-2 2022 年外出农民工地区分布与构成

按输出地分	规模(万人)			占比(%)		
	外出农民工	跨省流动	省内流动	外出农民工	跨省流动	省内流动
东部地区	4687	703	3984	100	15.0	85.0
中部地区	6310	3511	2799	100	55.6	44.4
西部地区	5588	2657	2931	100	47.5	52.5
东北地区	605	190	415	100	31.4	68.6
合计	17190	7061	10129	100	41.1	58.9

数据来源：国家统计局 .2022 年中国农民工监测报告[M]. 北京：中国统计出版社，2023.

农民工迁移已呈现家庭迁移趋势。统计数据显示，2010 年我国举家迁移农户家庭已占外出农民工总量的 20.0%，2011—2018 年的数据分别为 20.7%、20.7%、21.2%、21.3%、21.4%、19.8%、20.2%、20.7%。家庭迁移趋势在大城市更加明显，如北京市有 43.4%的农民工举家迁移，上海市有 28.3%的农民工举家迁移，① 在武汉市 150 万流动人口中，以家庭为主要单元的流动人口超过 50 万。②

从输入地看，2022 年流向中部地区和西部地区的农民工人数增长较快，流向东北地区的农民工减少。其中，在东部地区就业的农民工有 15447 万，比上年增加 9 万，增长 0.1%；中部地区有 6771 万，比上年增加 200 万，增长 3.0%；西部地区有 6436 万，比上年增加 156 万，增长 2.5%；东北地区有 843 万，比上年减少 51 万，下降 5.7%(见表 1-3)。农民工乃至农户家庭市民化不仅有利于农村人口迁入城市，推进我国居民消费和投资增长，促进“国内大循环”，还可以为城市的持续发展提供丰富的劳动力，具有较好的社会效益和经济效益。2020 年一项针对东部地区大中城市落户情况的调研显示，平均一个农民工(外来人口)进城落户成为市民需要增加政府的支出约 11 万元。其中，作为公共服务的养老保险财政补贴是最大支出，占比为 35%~45%；其次是随迁子女义务教育和保障性住房支出，占比为 33%，其余支出包括城市管理费用、医疗保险等，占

① 洪小良 . 城市农民工的家庭迁移行为及影响因素研究[J]. 中国人口科学，2007(6).

② 王海英 . 女性农民工非正规就业与农户家庭流动[J]. 文史博览，2006(4).

比为 10%~20%。

表 1-3 2022 年外出农民工输出地区与输入地区分布与增速

地区	2021 年	2022 年	增量(万人)	增速(%)
按输出地分				
东部地区	10282	10403	121	1.2
中部地区	9726	9852	126	1.3
西部地区	8248	8351	103	1.2
东北地区	995	956	-39	-3.9
按输入地分				
东部地区	15438	15447	9	0.1
中部地区	6571	6771	200	3.0
西部地区	6280	6436	156	2.5
东北地区	894	843	-51	-5.7
其他地区	68	65	-3	-4.4

数据来源：国家统计局.2022 年中国农民工监测报告[M]. 北京：中国统计出版社，2023.

本书认为，农户家庭迁移是从“农民工初次离乡”到“城乡间往返流动”，再到“举家迁移”“定居城市”，最终“融入城市”的“链式迁移”过程。当前多数城市只设计了接纳“农民工个体”的方式，而将“农民工其他家庭成员”排斥在外。现有的以接纳农民工个体为主的城市接纳方式已经不适应以农户家庭为基本单元的乡—城迁移行为的要求，需要针对不同家庭状态、不同迁移阶段、不同农户家庭类型设计新的城市接纳方式。

本书在对相关基础数据采集、预测，及基本理论与基本研究方法选择的基础上，分别针对农户家庭不同状态、不同阶段的特点，给出分阶段、分批次、渐进式、差异化的城市接纳方式，并提出对策建议。

1.1.2 研究意义

让农户家庭蜕变为城市家庭且真正融入、沉淀在城市，实现农民工市民化是重大社会、经济和政治问题，根据农户乡—城迁移行为的各个阶段，设计不同的家庭状态来确定城市接纳方式，具有一定的理论和实践意义。

“农户家庭链式迁移与城市接纳方式研究”是对习近平新时代中国特色

社会主义思想理论的解读、对党的二十大报告精神宣传的新尝试，也是对人口经济学、农业经济学、农村经济学、劳动经济学、产业经济学、城市经济学、区域经济学、制度经济学等理论的丰富和发展。农民工市民化是我国特有的农业剩余劳动力转移路径，与其他理论研究相比，农户乡—城迁移行为与城市接纳方式研究也是更具我国特色的理论研究。

"农户家庭链式迁移与城市接纳方式研究"是落实习近平新时代中国特色社会主义思想的新尝试，是将党的十九大、二十大报告精神运用于实践的新尝试，是落实《国家发展改革委关于印发〈2019 年新型城镇化建设重点任务〉的通知》(发改规划〔2019〕0617 号)精神的新实践，是我国实施乡村振兴战略，推进新型工业化和农业现代化、城镇化和新农村建设发展的现实要求，是缩小城乡差距、缓解城乡矛盾、解决"三农"问题、避免引发新的"城市社会二元结构"的有效方式。农户乡—城迁移行为与城市接纳方式研究是我国经济社会发展的现实需要。

1.2 相关研究梳理与研究动态

1.2.1 国内外相关研究梳理

1. 与"劳动力转移""农民工""农民工市民化"相关的研究资料来源

(1)国内相关研究的资料来源。

已收集、整理国内出版的专著 47 部，硕士、博士学位论文 38 篇，学术论文 263 篇(2000 年以后)。

收集 2000—2022 年国家自然科学基金项目、国家社科基金项目立项名单，并通过负责人姓名、单位查询方式，取得了部分相关的研究报告。

相关法律法规和规划包括 2016—2022 年《经济工作会议公告》《国家新型城镇化规划(2014—2020 年)》《国务院关于解决农民工问题的若干意见》《国务院关于深入推进新型城镇化建设的若干意见(2016)》《国家发展改革委关于印发〈2019 年新型城镇化建设重点任务〉的通知》等。1950—2019 年与人口相关的城乡制度、法规的具体内容如表 1-4 所示。

表 1-4 1950—2019 年与人口相关的城乡制度、法规汇总

年份	法规	主要内容
1950	《关于特种人口管理的暂行办法(草案)》	特殊人口管理
	《城市户口管理暂行条例》	常住城市人口登记
1953	《全国人口调查登记办法》	常住人口调查和登记
	《中共中央关于粮食的计划收购和计划供应的决议》	规定粮食计划供应范围
1954	《内务部、公安部和国家统计局联合通告》	普遍建立农村人口登记制度
	《建立经常户口登记制度》	户口变动登记和管理
1955	《市镇粮食定量供应暂行办法》	粮食供应、粮票管理
	《关于城乡划分标准的规定》	划分农业与非农业户口
1956	《首次全国户口工作会议的三个文件》	确立户口管理三项任务
1958	《中华人民共和国户口登记条例》	明确了城乡户口的法定隔离
1959	《中共中央制止农村劳动力流动的指示》	阻止农村人口流动
	《中共中央 国务院关于制止农村劳动力盲目外流的紧急通知》	阻止农村人口流动
1964	《公安部关于处理户口迁移的规定(草案)》	限制农村和集镇人口流入城市
1975	《中华人民共和国宪法》	取消关于公民迁移自由的条文
1977	《公安部关于处理户口迁移的规定》	严格限制迁移和“农转非”
1980	《关于解决部分专业技术干部的农村家属迁往城镇由国家供应粮食问题的规定》	在政策上对特殊的“农转非”问题开始松动
1984	《国务院关于农民进入集镇落户问题的通知》	允许办理自理口粮户口
1985	《公安部关于城镇暂住人口管理的暂行规定》	对流动人口实行暂住证、寄住证制度
	《中华人民共和国居民身份证条例》	身份证由一户一证改为一人一证
1989	《临时身份证管理暂行规定》	流动人口办理临时身份证
	《关于严格控制民工盲目外出的紧急通知》	控制民工盲目外出
1990	《国务院办公厅转发国家计委等部门关于“农转非”政策管理工作分工意见报告的通知》	控制“农转非”
	《国务院关于做好劳动就业工作的通知》	采用临时务工许可证进行严格管理
1992	《关于实行当地有效城镇居民户口制度的通知》	实行蓝印户口制度
1993	《国务院关于户籍制度改革的决定》	废止“农转非”制度
	《小城镇户籍管理制度改革试点方案》	试点镇农村人口可办理城镇常住户口
	《农村劳动力跨省流动就业管理暂行规定》	流动就业证是流动就业的有效证件
1997	《关于进一步做好组织民工有序流动工作的意见》	鼓励农民就地转移

续表

年份	法规	主要内容
1998	《关于解决当前户口管理工作中的几个突出问题的意见》	“三投靠”、农民进城落户政策松动
2000	《中共中央、国务院关于促进小城镇健康发展的若干意见》	符合条件的农民可转为城镇户口
2001	《关于推进小城镇户籍管理制度改革的意见》	改革权下放到地方
2003	《2003—2010 年全国农民工培训规划》	农民工培训
2006	《国务院关于解决农民工问题的若干意见》	全面改革
2008	《中共中央关于推进农村改革发展若干重大问题的决定》	户籍改革、放宽中小城市落户条件
2010	《中共中央、国务院关于加大统筹城乡发展力度进一步夯实农业农村发展基础的若干意见》	加大统筹城乡发展力度
2011	《中共中央、国务院关于加快水利改革发展的决定》	加快水利改革发展
2012	《中共中央、国务院关于加快推进农业科技创新持续增强农产品供给保障能力的若干意见》	强调农业科技创新的重要地位
2013	《中共中央、国务院关于加快发展现代农业进一步增强农村发展活力的若干意见》	加大强农惠农富农政策力度，着力构建新型农业经营体制
2014	《中共中央、国务院关于全面深化农村改革加快推进农业现代化的若干意见》	体制机制改革
2015	《中共中央、国务院关于加快农业现代化建设的若干意见》	新常态下加大改革创新力度，加快农业现代化建设
2016	《中共中央、国务院关于落实发展新理念加快农业现代化实现全面小康目标的若干意见》	供给侧结构性改革
2017	《中共中央、国务院关于深入推进农业供给侧结构性改革　加快培育农业农村发展新动能的若干意见》	深入推进农业供给侧结构性改革
2018	《中共中央、国务院关于实施乡村振兴战略的意见》	对实施乡村振兴战略进行了全面部署
	《农业农村部关于大力实施乡村就业创业促进行动的通知》	促进乡村就业创业
	《农村人居环境整治三年行动方案》	改善农村人居环境，建设美丽宜居乡村
2019	《国家发展改革委关于印发〈2019 年新型城镇化建设重点任务〉的通知》	突出抓好在城镇就业的农业转移人口落户工作，推动 1 亿非户籍人口在城市落户目标取得决定性进展

各类年鉴和统计数据包括：2003—2022年《中国农村住户调查年鉴》数据；2010—2018年《中国农民工调查监测报告》《中国农民工调研报告》数据；1996年、2006年、2017年国家统计局第一、第二、第三次农业普查数据；① 2010—2022年人力资源社会保障部和国家统计局农村社会经济调查总队调查数据、农业农村部全国农村固定观察点调查数据；2010—2022年国家统计局《国民经济和社会发展统计公报》数据；2022年国务院发展研究中心报告数据等。

实地调查数据包括：基于课题"'十三五'期间农民工对湖北工业发展的影响研究"的研究需要，组织20名学生对湖北省钟祥市100个农户家庭进行实地样本调查，最终得到89户有效样本数据，包括劳动力个体特征数据、家庭整体特征数据、家庭所在社区特征数据和家庭面临宏观环境与制度特征数据，相关时点数据统计截止到2017年底。同时从湖北省钟祥市统计局收集到样本数据400个，最终得到318户有效样本数据，相关时点数据统计截止到2017年底。从湖北省钟祥市调查队收集到样本数据400个，最终得到368户有效样本数据，相关时点数据统计截止到2017年底。针对在调查时没有涉及城市定居农户家庭的情况，对湖北省武汉市东西湖区的数据进行调查，主要对迁移已定居农户家庭、融入城市农户家庭、市民家庭的数据进行调查，相关时点数据统计截止到2022年10月底。

(2)国外相关研究的资料来源。

相关专业杂志包括：*Agricultural Economics*、*Agricultural and Applied Economics Review*、*American Journal of Agricultural Economics*、*Journal of Agricultural Economics*、*American Economic Review* 和权威出版物 *Handbook of Agricultural Economics*、*Handbook of Development Economics*、*Handbook of Regional and Urban Economics* 等。

相关网站包括：世界农业信息中心网站、美国农业部网站、联盟农业技术中心网站、美国农业协会网站、美国国家农业图书馆网站、美国农业

① 第三次全国农业普查主要数据公报(第二号)[EB/OL]. http://www.stats.gov.cn/tjsj/tjgb/nypcgb/qgnypcgb/201712/t20171215_1563539.html.

部农业展望局网站等。

2. 国内外相关研究的学术梳理

国外经济学相关研究关注劳动力迁移过程、动因及结果，包括对劳动力群体和结构视角的宏观研究、对劳动力个体或家庭视角的微观研究、农业剩余劳动力转移对城市未来发展影响的研究等。

国内经济学相关研究经历了四个阶段：

第一阶段(2000 年以前)：研究主要涉及我国“农业剩余劳动力转移”问题，较少对“农民工”进行专题研究，关注点是农民如何从农村“走出来”，以及农民“走出来”对城市化、工业化的影响。

第二阶段(2000—2010 年)：研究重点是对“农民工”“农民进城”“农民工在城市的生存状态”的理论分析，聚焦“提高农民工待遇和建立社会保障”等方面。

第三阶段(2011—2016 年)：开始关注“农户家庭迁移”问题，研究内容涉及城镇化、工业化、农业现代化背景下的理论与政策分析。

第四阶段(2017 年至今)：乡村振兴背景下的农民工返乡创业潮出现，学者们开始关注“农户家庭”城乡双向流动的问题，特别是在数字化时代，农民工务工工种变换存在“短期化”问题。

1.2.2 相关研究动态

1. 国外相关研究动态

国外经济学、社会学、人类学、政治经济学研究者较早关注农业劳动力迁移问题，具体内容如表 1-5 所示。世界上大部分国家的“农业剩余劳动力转移”是一次性完成的，与我国“从农民到农民工，再从农民工到市民”的路径有所不同，但国外相关研究的基本思路与方法值得借鉴。

表 1-5 国外劳动力迁移理论的研究总结

研究领域	切入点	典型理论举例
经济学	劳动力转移研究	色诺芬(Xenophon)和柏拉图(Plato)的社会分工、人口迁移、城市规模研究；配第(Petty)、斯密(Smith)、李嘉图(Ricardo)和克拉克(Clark)的劳动力迁移研究；二元经济条件下的劳动力迁移模型(Lewis，1954)、拉—费模型(Ranis 和 Fei，1961)、乔根森模型(Jorgenson，1961)、门槛理论模型(Malisze，1963)、推拉理论(Bogue，1985)；临时迁移与永久迁移研究(Richardson，1987；Dustmann，1997)；迁移特征与类型、收入回报对经济增长与经济发展影响的研究(Lucas，2004)；对四个发展中国家城市化成本的研究(Seeborg，2000)；Knight 和 Yueh(2004)对中国"农业剩余劳动力转移"问题的研究；Scott 和 Julie(2000)对"乡村—城镇"转型的五个影响因素的研究；Pezza 等(2000)对人口转移动力的研究；Michael(2003)在"农业、工业化、后生产主义"共生模式中对农业剩余劳动力转移的研究；联合国经济和社会事务部统计处(2001)对各国经济、社会、人口统计关系中的农民工问题研究；Keleor(2004)依据人口、职业、居住及距离城市中心远近等 16 个指标对城镇化进程的研究；Encrstin(2001)对涉及人口转移的城市(城镇)现代化的评价指标体系设计等；相关全球城市、网络城市、世界城市体系的研究也涉及了农民工问题(Joshi，2003；Dorjee，2000)
	个体研究	托达罗模型(Todaro，1961)、哈里斯(Harris)模型、成本—收益理论模型(Sjaastad，1962)；舒尔茨(Schultz)迁移成本—收益理论、贝克尔(Becker)歧视模型、伊斯特林模型(Easterlin，1992)、斯亚斯塔德模型(Sjaastad，1998)、罗西(Rossi)的生命周期理论；罗杰斯(Rogers)的人口迁移年龄迁移率模型；Abowd-Farber 决策模型；留城镇生活愿望模型(Dustmann，1997)；迁移后通过获取技能来提高人力资本条件研究(Lucas，2004)；城市化过程中人口转移、基本规律、作用与影响研究(Auvachez，2009；Cohen，2011；Gundel，2002；Maphosa，2007；Keeton，2006)；对中国移民问题的研究(Martin，2007)；等等
	家庭研究	斯塔克、泰勒、布鲁姆的新劳动力迁移经济理论(Stark 和 Bloom，1985；Stark 和 Taylor，1989，1991)等；沃泊特(Wolpert，1965)的地方效用理论以及验证(Hausman 和 Fadden，1987)；等等
社会学	社会性	滕尼斯(Tönnies)、涂尔干(Durkheim)、韦伯(Webb)、帕森斯(Parsons)、英克尔斯(Inkeles)社会角色、结构、功能主义理论；古登斯(Geudens)社会结构化理论；等等
人类学	人类共性	格兰诺维特(Granovetter)模型、弗里曼(Freeman)模型；等等
政治经济学	阶级性	马克思主义劳动力转移理论等；吸收社会学、新制度经济学的理论研究等(Seeborg，2000；Knight 和 Yueh，2004)

国外研究主要的代表性观点如下：

相关研究聚焦农业剩余劳动力转移动机和结果，以及对城市未来发展影响的问题。典型的研究有：二元经济条件下的劳动力迁移模型（Lewis，1954）；[①] 拉—费模型（Fei 和 Ranis，1961）；[②] 乔根森模型（Jorgenson，1961）；[③] 托达罗模型（Todaro，1959）；[④] 门槛理论模型（Malise，1963）；[⑤] 新劳动经济学迁移理论模型（Stark 和 Bloom，1985；Stark 和 Taylor，1991）；[⑥] 推拉理论（Bogue，1985）；成本—收益理论模型（Sjaastad，1962）；[⑦] 关于迁移特征与类型、收入回报对经济增长与经济发展影响的研究（Lucas，2004）；[⑧] 关于临时迁移与永久迁移问题的研究（Richardson，1987；Dustmann，1997）；[⑨] 对四个发展中国家城市化成本的研究（Seeborg，2000）；[⑩] 对中国"农业剩余劳动力转移"问题的研究（Knight 和 Yueh，2004）；[⑪] 对"乡村—城镇"转型的五个影响因素，特别是对人口因素的研究（Scott 等，2000）；[⑫] 对城乡转型的三大动力，特别是人口转移

---

① Lewis W Arthur. Economic development with unlimited supplies of labour[J]. The Manchester School of Economic and Social Studies，1954，22(2).

② Fei C H，Ranis G. A theory of economic development[J]. American Economic Review，1961(4).

③ Jorgenson D W. The development of a dual economy[J]. Economic Journal，1961(71).

④ Todaro M P. A model of labor migration and employment in less developed countries[J]. American Economic Review，1959(59).

⑤ Malise B. Threshold analysis[M]. Encyclopedia of Urban Planning，1963.

⑥ Stark O，D E Bloom. The new economics of labor migration[J]. American Economic Review，1985，75(2)；Stark O，J E Taylor. Migration incentives，migration types：the role of relative deprivation[J]. Economic Journal，1991，101(408).

⑦ Sjaastad L A. The costs and returns of human migratio[J]. Journal of Political Economy，1962(70).

⑧ Lucas R E. Life earnings and rural urban migration[J]. Journal of Political Economy，2004(112).

⑨ M Richardson. A lutyens skyscraper[J]. Thirties Society Journal，1987(6)；Dustmann C. Difference in the labor between temporary and permanent migrant women[J]. Labor Economics，1997(4).

⑩ Seeborg M C. The new rural furban mobility in China[J]. Journal of Social Economics，2000(29).

⑪ Knight J，Yueh. Urban insiders versus rural outsiders：complement arity or competition in China's urban labor market[R]. Working Paper，2004.

⑫ Kathryn Scott，Julie Park，Chris Cocklin. From sustainable rural communities to social sustainability：giving voiceto Diversity in Mangakahia Valley，New Zealand[J]. Journal of Rural Studies，2000(16).

动力的研究(Aristeu 等，2000)；[①] 在"农业、工业化、后生产主义"共生模式中对农业剩余劳动力转移的研究(张桂林等，2003)。[②] 联合国经济和社会事务部统计处(2001)采用 19 个社会经济指标对各国经济、社会、人口统计关系中的农民工问题进行研究；依据人口、职业、居住及距离城市中心远近等 16 个指标对城镇化进程的研究中，涉及了农民市民化问题(孙锦、刘俊娥，2004)；[③] 对人口转移的城市(城镇)现代化的评价指标体系设计等(Dustman 和 Weiss，2007)。[④] 有学者认为，当前世界产业结构及全球经济组织形式呈现信息经济社会、知识经济社会的特征，相关研究多在全球城市、网络城市、世界城市体系背景下展开，其中涉及了农民工问题(Jose 等，2003)。[⑤] 根据《世界人口前景报告》的数据，1995—2020 年世界人口增长量约为 18.36 亿，增长率约为 32.4%，其中发展中国家人口将增长 4.8 亿~6.6 亿，增长率约为 38.5%。到 2020 年，发展中国家有 52%的人口将生活在城市，而 1995 年仅为 38%，农业剩余劳动力转移数量很大。有学者认为，单一的新古典模型已经不能解释中国的"农业剩余劳动力转移"问题，要吸收社会学、新制度经济学的理论来研究(Seeborg，2000；Knight 和 Yueh，2004)。[⑥] 阻碍农业剩余劳动力转移的因素有家庭分离、陌生生存环境、激烈的竞争等(Bogue 和 Donald，1999)；[⑦] 农民工市民化可能遇到经济门槛和非经济门槛(Malise，1963)；[⑧] 农业家庭根据家庭内部劳

---

① Aristeu G. Tininis，André Leandro，Helena R. Pezza，et al. Rapid spot test analysis for the detection of urotropine in pharmaceutical preparations this paper is dedicated to the memory of Professors Waldemar Saffioti and Manuel Molina Ortega[J]. Analytical Letters，2000，33(14).

② 张桂林，宋宝辉，Michael Reed. 美国谷物生产成本分析[J]. 世界农业，2003(4).

③ 孙锦，刘俊娥. 中国城市化水平综合评价研究[J]. 河北建筑科技学院学报，2004(11).

④ Christian Dustman，Yoram Weiss. Return migratio：Theory and empirical evidence from the UK [M]. Blackwell Publishing. London School of Economics，2007.

⑤ Jose Sotelo，Maria，Gimeno，et al. Development and psychology：Looking for a link[J]. Social Behavior & Personality：An International Journal，2003(31).

⑥ Seeborg M C. The new rural furban mobility in China[J]. Journal of Social Economics，2000 (29)；Knight J，Yueh. Urban insiders versus rural outsiders：Complement arity or competition in China's Urban Labor Market[R]. Working Paper，2004.

⑦ Bogue，Donald J. Principles of demography[M]. New York：John Wiley & Sons，Inc，1999.

⑧ Malise B. Threshold analysis[M]. Encyclopedia of Urban Planning，1963.

动力资源配置状况来决定是否迁移，有时迁移是出于对农业风险的考虑；迁移距离与交通费用对迁移的影响很关键（Stark 等，1985；Rozelle 等，1999）；① 实现农业剩余劳动力转移的条件有保证农业增长能满足非农业劳动力对农业产品的需求，以及经济结构和就业结构的根本转变（Fei 和 Ranis，1961）；② 农业生产增长率高于人口增长率时，农业劳动力会出现剩余；农业剩余劳动力转移速度与工业化发展速度呈正相关关系（Jorgenson，1961）；③ 迁移实现了职业生涯的实际净收入最大化，但迁移同样会带来社会成本和社会收益（Sjaastad，1962）；④ 愿意留在城镇生活的迁移者有更高参与城市社会、学习技术和职业技能的愿望（Dustmann，1997）；⑤ 迁移后获取技能来提高人力资本是农业剩余劳动力留在城市的基本条件（Lucas，2004）。⑥ 有学者认为，城镇人口数量增加是国家现代化的重要标志（Kathryn 等，2000；Aristeu 等，2000）。⑦ “农业剩余劳动力转移”是经济学研究的长期焦点问题（Cohen 和 Elizabeth，2011）。⑧

2. 国内相关研究动态

国内研究涉及影响农民工个体和农户家庭迁移的因素研究，以及对影响城市吸纳方式因素的研究等。具体如表 1-6~表 1-9 所示。

---

① Stark，Oded，David E Bloom. The new economics of labor migration［J］. American Economic Review，1985（75）；Rozelle，Scott，J Edward Taylor，et al. Migration，remittances，and agricultural productivity in China［J］. American & Economic Review，1999（2）：47.

② Fei C H，Ranis G. A theory of economic development［J］. American Economic Review，1961（4）.

③ Jorgenson D W. The development of a dual economy［J］. Economic Journal，1961（71）.

④ Sjaastad L A. The costs and returns of human migratio［J］. Journal of Political Economy，1962（70）.

⑤ Dustmann C. Difference in the labor between temporary and permanent migrant women［J］. Labor Economics，1997（4）.

⑥ Lucas R E. Life earnings and rural urban migration［J］. Journal of Political Economy，2004（112）.

⑦ Kathryn Scott，Julie Park，Chris Cocklin. From sustainable ruralcommunities to socialsustainability：giving voice to diversity in Mangakahia Valley，New Zealand［J］. Journal of Rural Studies，2000（16）；Aristeu G Tininis，André Leandro，Helena R Pezza，et al. Rapid spot test analysis for the detection of urotropine in pharmaceutical preparations this paper is dedicated to the memory of Professors waldemar saffioti and manuel molina ortega［J］. Analytical Letters，2000，33（14）.

⑧ Cohen，Elizabeth F. Reconsidering US immigration reform：the temporal principle of citizenship［J］. Perspectives on Politics，2011（10）.

表 1-6　农民工个体迁移的研究总结

切入点	代表人物	研究内容	影响因素
移民与非移民比较	蔡昉	人口普查数据显示(1990)：本地农村与全国农村平均收入之比、平均人口之比、平均耕地面积之比、乡镇企业雇员之比、农村人口比例、人均耕地、乡镇企业雇员比例对迁移有正向影响	人均收入、人口比例、人均耕地、受雇乡镇企业人数
农业与非农业工作迁移概率	赵耀辉	四川省的调查显示(1995)：女性迁移概率较男性低 7%；结婚使迁移概率减少 2.8%；教育程度提高迁移概率；人均耕地对迁移有负向影响	性别、婚姻状况、年龄、学前子女数量、人均耕地、教育程度
迁移意愿	Zhao、Zhu、赵耀辉、郑功成、Yang、Li Pei Lin、钟甫宁	河南省的调查显示(1995)：男性劳动力迁移概率高于女性约 30%；年龄较小者相对于年长者迁移概率高；对于相同的年龄段，未婚群体迁移的概率较已婚群体迁移的概率高 10%；人均资产数量、受教育年限和人均耕地面积对迁移概率影响并不显著。四川省的调查显示(1995)：人均耕地影响为负；教育程度影响为正。对河南省迁移时间的影响因素研究显示(1995)：增加单位耕地面积对迁移时间的延迟为 27%；人均资产数量提高对迁移时间有延迟作用；家庭(男性劳动力/女性劳动力)比例加速了迁移。根据六省调查数据结论(2001)：农村劳动力迁移或在本地打工的概率与教育程度、家庭劳动力数量呈正相关关系，而与年龄呈负相关关系；培训时间增加对迁移概率的影响为正	性别、婚姻状况、年龄、人均耕地、受教育程度、培训、城乡收入差距、老移民数量、回迁移民数量、人均生产性资产、家庭男女劳动力比例
迁移状态	姚洋、陈波、纪月清、刘迎霞	在一个地区，平均耕地面积数量居中的农村劳动力外出打工意愿较强，而耕地面积较大或较小的农村劳动力外出打工的意愿较弱。外出农民工回乡创业决策与其风险偏好程度正相关。外出打工的心理成本是城市农民工与农村劳动力工资差距存在的主要原因	耕地面积、风险偏好、心理成本

表 1-7 农民工迁移影响因素的研究总结

切入点	代表人物	影响因素
经济因素	高国力、陈江南、谭善勇	经济区域发展的不平衡
	陈吉元	城市非正规就业部门
	杜鹰、李实	农村收入；农村资源禀赋
	蔡昉、陈江南	农村相对收入差距
	朱农	城乡 GDP 等宏观经济因素
	危丽、杨先斌	劳动者整体素质
	白云涛、甘小文、孙战文	经济收入
	崔传义、韩俊	区域产业结构
	程名望、欧阳力胜	城镇工业技术进步
	Sit、Yang、Li	外商的直接投资
	宋树理、张宗和、孙战文、杨萍萍	农村居民的收入
制度与政策因素	林毅夫、李培林、严善平、李晓春、马铁群、Meng、Hang、王美艳	户籍制度
	蔡昉、孙战文	土地制度、户籍制度
	程名望、甄影、石红溶、孙妲、李娜	城市户籍、教育、社会保障、就业制度
	张宗和、宋树理、卢向虎、甄影	户籍制度、城市用工制度、城市教育制度
	蔡昉、陆铭、叶建亮、李娜	地方政府政策制度
	蔡昉、都阳、王美艳、白南生、陈江南	劳动力市场、就业制度

表 1-8 农户家庭迁移的研究总结

切入点	代表人物	研究内容	影响因素
家庭内劳动力外出务工决策	杜鹰、白南生	四川省的调查显示(1994)：外部环境状况决定了家庭迁移决策结果；家庭劳动力总量与外出农民工数量呈正相关关系；家庭外出农民工数量与非外出农村劳动力在农村的收入、家庭耕地面积数量呈负相关关系；外出农民工数量与个人平均受教育程度正相关	耕地面积、家庭劳动力数量、外出务工劳动力数量、家庭类型、村外出人数与收入

续表

切入点	代表人物	研究内容	影响因素
家庭迁移决策	Zhao、骆新华、赵耀辉、盛来运、杨云彦、石智雷、Yang、Li Pei Lin、孙波、孙战文、杨萍萍	国家统计局中国农村住户调查资料显示(2003)：城乡收入差距状态、社区非农发展水平、农村家庭人均纯收入对迁移决策有正向影响；而成员受教育年限、家庭劳动力数量对迁移决策无影响。农村家庭未成年子女数量、人均耕地面积对迁移决策有负向影响。家庭劳动力迁移决策主要考虑预期收入水平并与参照人群预期收入水平比较。家庭财富积累增加则家庭劳动力迁移概率下降，当财富积累到一"临界值"时，家庭劳动力迁移概率增加。家庭财富状况与家庭劳动力迁移数量呈"U"形关系。四川省的调查显示(1995—1996)：家庭劳动力数量对迁移决策有正向影响；农村家庭成员平均受教育年限、平均年龄、户均耕地面积数量对迁移决策有负向影响。广东省的调查显示(1985—1990)：农村家庭收入风险对迁移决策的负向影响显著；务工健康风险对迁移的负向影响较小；农业生产风险对迁移决策无明显作用	家庭劳动力数量、未成年子女数量、家庭平均年龄、家庭性别结构、户主受教育年限、平均受教育年限、家庭耕地面积、家庭人均耕地面积；预期绝对人均收入水平、预期相对人均收入水平、城乡收入实际差距；收入风险、农业生产风险、务工健康风险；社区非农业发展水平；家庭财富积累水平
家庭劳动力回流决策	白南生、宋洪远	对全国62县的调查显示(1999)：影响农民工返乡决策的主要因素是农村家庭结构；动态地看，城市就业市场环境对返乡决策的影响呈增强趋势；个人因素对返乡决策的影响呈减弱趋势	家庭结构、婚姻生育状况、个人特征、子女上学状况、经济环境条件、城市失业率、收入稳定
家庭永久迁移决策	王国辉、欧阳力胜	影响农村家庭永久迁移决策的主要因素：城市就业率、城市务工收入水平和生活成本，城乡社会保障变化对农村家庭永久迁移决策也有重要影响	城市就业率、城市收入、城市生活成本

表 1-9　影响城市接纳方式因素的研究总结

影响城市接纳方式的因素	主要内容
城市发展水平	城市发展水平，特别是工业化、城镇化背景下农村劳动力非农化状态，决定了城市吸纳方式。预测显示，20~30年内我国的城市化发展预期可以吸纳数以亿计的农民工完成市民化，但很难解决非农化的农民工及其家属定居城市的问题

续表

影响城市接纳方式的因素	主要内容
社会文化环境	社会文化环境因素表现在农民工和市民的关系方面，包括城市生活中的文化冲突，以及生活区域隔离等因素
制度	制度因素包括户籍管理制度、农地流转制度、保障制度、就业制度、教育制度、住房供给制度等
政策	地方政府的部分政策，特别是歧视性政策对城市市民既得利益的维护，造成正规就业、非正规就业的二元劳动力市场分割。农民工群体及家庭成员难以通过非正规的就业市场在城市就业
社会资本供给	社会资本供给的不对称使农户家庭迁移进程面临多种阻碍。现阶段的社会资本供给对农户家庭迁移的作用大于人力资本的作用
农民工自身	主要包括性别、年龄、地域、受教育年限、接受培训状况和从事当前工作的时间等
数字化	主要包括数字化技术应用熟练程度、数字化水平、数字化工具、数字化便利程度等

我国学者关注的主要问题如下：

关于“农业剩余劳动力转移”问题的研究包括：从经济视角（周天勇、胡锋，2007；朱农，2002；孙战文，2013；王兆刚、来守龙，2014；孙波，2011；韩帅，2013）、① 从制度视角（蔡昉，2001；贺凤娟，2010；杨萍萍，2012）、② 从个人视角（都阳，2001；史清华等，2005）、③ 从社会文化视角

① 周天勇，胡锋．托达罗人口流动模型的反思和改进[J]．中国人口科学，2007(1)；朱农．论收入差距对中国乡城迁移决策的影响[J]．人口与经济，2002(5)；孙战文．农户家庭迁移决策与迁移行为研究[D]．泰安：山东农业大学，2013；王兆刚，来守龙．我国农业转移人口市民化研究综述及展望[J]．中共青岛市委党校青岛行政学院学报，2014(8)；孙波．城乡经济社会一体化背景下的农民市民化问题研究[D]．西安：西北大学，2011；韩帅．基于供给和需求视角的农民工市民化问题研究及应对[D]．南京：南京大学，2013.

② 蔡昉．劳动力迁移的两个过程及其制度障碍[J]．社会学研究，2001(4)；贺凤娟．新生代农民工市民化研究[D]．上海：华东理工大学，2010；杨萍萍．农民工市民化意愿影响因素的实证研究[D]．杭州：浙江工业大学，2012.

③ 都阳．风险分散与非农劳动供给：来自贫困地区农村的经验证据[J]．数量经济技术经济研究，2001(1)；史清华，程名望，赵正龙．影响我国农村劳动力转移的农村因素的调查分析[J]．华南农业大学学报，2005(6).

(朱力，2002；吴兴陆、亓名杰，2005；甄影，2012)[①]对农业剩余劳动力转移进行研究；对剩余劳动力转移模式的研究(崔传义，2004；胡英，2003；蔡昉，2004；郭金兴，2007；王兆刚、来守龙，2014；王美琴、齐鹏，2015)；[②] 农业剩余劳动力转移对收入分配、农村农业经济、城市经济影响的研究(杜鹰，2004；贺凤娟，2010；陈江南，2013；高健等，2014)；[③] 农业剩余劳动力转移的制度障碍研究(孙妲，2006；刘传江等，2008；孙波，2011；石红溶，2012；欧阳力胜，2013；拾丽莉，2015)；等等。[④] 有学者认为，农业劳动力数量绝对过剩、农业劳动力收入低、农业成本增加、农业收益递减、城市就业机会增加、教育条件好是农业剩余劳动力转移的主要动因。[⑤]

关于“农民工”问题的研究包括：对“民工潮”的研究(蔡昉等，2001；辜胜祖、刘传江，2000；徐维祥、唐根年，2004；范剑勇等，2004；简新

① 朱力．论农民工阶层的城市适应[J]．江海学刊，2002(6)；吴兴陆，亓名杰．农民工迁移决策的社会文化影响因素探析[J]．中国农村经济，2005(1)；甄影．西安市“城中村”村民市民化问题研究[D]．西安：陕西师范大学，2012.

② 崔传义．中国农民流动观察[M]．太原：山西经济出版社，2004；胡英．城镇化进程中农村向城镇转移人口数量分析[J]．统计研究，2003(7)；蔡昉．劳动力迁移的两个过程及其制度障碍[J]．社会学研究，2004；郭金兴．1996—2005年中国农业剩余劳动力的估算：基于随机前沿模型的分析[J]．南开经济研究，2007(4)；王兆刚，来守龙．我国农业转移人口市民化研究综述及展望[J]．中共青岛市委党校青岛行政学院学报，2014(8)；王美琴，齐鹏．农业转移人口市民化研究述评[J]．山东行政学院学报，2015(8).

③ 杜鹰．农业产业化经营：中国式的农业现代化之路[J]．中国经贸导刊，2004(19)；贺凤娟．新生代农民工市民化研究[D]．上海：华东理工大学，2010；陈江南．农民工市民化水平以及影响因素研究[D]．武汉：湖北大学，2013；高健，孙战文，吴佩林．农户家庭迁移状态的演进及其影响因素研究——基于山东省951户的调查数据[J]．统计与信息论坛，2014(8).

④ 孙妲．我国城市化进程中的制度优化与创新[D]．长春：东北师范大学，2006；刘传江，徐建玲，等．中国农民工市民化进程研究[M]．北京：人民出版社，2008；孙波．城乡经济社会一体化背景下的农民市民化问题研究[D]．西安：西北大学，2011；石红溶．农民工市民化与地方政府行为[D]．西安：西北大学，2012；欧阳力胜．新型城镇化进程中农民工市民化研究[D]．北京：财政部财政科学研究所，2013；拾丽莉．农业转移人口市民化问题与对策研究[D]．广州：中共广东省委党校，2015.

⑤ 马艳霞．我国西部民族地区农村剩余劳动力转移理论修正与路径问题研究[D]．成都：西南财经大学，2009.

华等，2008；石红溶，2012；陈江南，2013；欧阳力胜，2013；拾丽莉，2015)；[①] 对农民工社会地位与生存状况的评价(刘开明，2002；刘传江等，2008；简新华、黄锟，2007；单菁菁，2006；孙战文，2013；高健等，2014)；[②] 农民工对社会经济影响的研究(白南生、何宇鹏，2002；袁志刚，2002；王国辉、穆怀中，2005；黄晓静、张辉，2005；程蹊、陈全功，2005；马用浩、由彦平，2005；卢巧玲，2005；孙战文、杨学成，2014；陈江南，2013)；[③] 制度因素对农民工群体的影响研究(刘应杰，2000；胡鞍钢，2005；李娜，2013；石红溶，2012)；[④] 对农民工群体发展趋势的研究(白南生等，2002；黄祖辉、宋瑜，2005；韩长赋，2006；白南生，

---

① 蔡昉，等．户籍制度与劳动力市场保护[J]．经济研究，2001(12)；辜胜祖，刘传江．人口流动与农村城镇化战略管理[M]．武汉：华中理工大学出版社，2000；徐维祥，唐根年．基于产业集群成长的浙江省农村劳动力转移实证研究[J]．中国农村经济，2004(6)；范剑勇，王立军，沈林洁．产业集聚与农村劳动力的跨区域流动[J]．管理世界，2004(4)；简新华，黄锟，等．中国工业化和城市化过程中的农民工问题研究[M]．北京：人民出版社，2008；石红溶．农民工市民化与地方政府行为[D]．西安：西北大学，2012；陈江南．农民工市民化水平以及影响因素研究[D]．武汉：湖北大学，2013；欧阳力胜．新型城镇化进程中农民工市民化研究[D]．北京：财政部财政科学研究所，2013；拾丽莉．农业转移人口市民化问题与对策研究[D]．广州：中共广东省委党校，2015.

② 刘开明．边缘人[M]．北京：新华出版社，2002；刘传江，徐建玲，等．中国农民工市民化进程研究[M]．北京：人民出版社，2008；简新华，黄锟．中国农民工最新情况调查报告[J]．中国人口·资源与环境，2007(6)；单菁菁．城市农民工社会适应状况与生活满意度调查[M]．济南：山东人民出版社，2006；孙战文．农户家庭迁移决策与迁移行为研究[D]．泰安：山东农业大学，2013；高健，孙战文，吴佩林．农户家庭迁移状态的演进及其影响因素研究——基于山东省951户的调查数据[J]．统计与信息论坛，2014(8).

③ 白南生，何宇鹏．回乡，还是外出?：安徽、四川二省农村外出劳动力回流研究[J]．社会学研究，2002(3)；袁志刚．中国的城乡劳动力流动与城镇失业[M]．北京：经济科学出版社，2002；王国辉，穆怀中．民工荒、技工短缺与农民工社会保障制度建立的临界点[J]．人口与经济，2005(4)；黄晓静，张辉．“民工荒”——中小企业劳资关系冲突的症结[J]．科技情报开发与经济，2005(18)；程蹊，陈全功．“民工荒”与民工维权组织的建立[J]．农村经济，2005(2)；马用浩，由彦平．社会转型视野中的“民工荒”[J]．现象求实，2005(7)；卢巧玲．从“民工荒”现象看农民市民化[J]．农村经济，2005(6)；孙战文，杨学成．市民化进程中农户家庭迁移决策的静态分析：基于成本—收入的数理模型与实证检验[J]．农业技术经济，2014(7)；陈江南．农民工市民化水平以及影响因素研究[D]．武汉：湖北大学，2013.

④ 刘应杰．中国城乡关系与中国农民工人[M]．北京：中国社会科学出版社，2000；胡鞍钢．中国存在“四农”问题[J]．经济展望，2005(4)；李娜．新生代农民工城市融入研究[D]．南京：南京师范大学，2013；石红溶．农民工市民化与地方政府行为[D]．西安：西北大学，2012.

2003；欧阳力胜，2013；王兆刚、来守龙，2014）；[①] 对“刘易斯拐点”的测度（蔡昉等，2002；李剑阁，2010；单菁菁，2014）等。[②]

关于“农民工市民化”问题的研究包括：对市民化进程的评价（朱信凯，2005；张延平、熊巍俊，2005；卢国显，2006；刘传江等，2008）；[③] 对农民工分层与农民工市民化关系的研究（李培林，1996；王春光，2001；何晓红，2006；刘传江，2004；贺凤娟，2010）；[④] 对农民工市民化的影响因素研究（范红忠，2006；胡际权，2005；骆江玲，2011；叶鹏飞，2012；单菁菁，2006；杨萍萍，2012；陈江南，2013）等。[⑤]

关于“农民工市民化”与“城镇化”问题的研究包括：农民工市民化与城镇化水平、城镇化动力、城镇化进程关系的研究（张鸿雁，2013；林广，2000；凌亢，2004；王放，2000；李文溥、陈永杰，2001；陆岷峰、高攀，2013；林拓，2004；王正中，2006；徐元明，2004；葛正鹏、王宁，2007；

---

① 白南生，宋洪远，等．回乡，还是进城?：中国农村外出劳动力回流研究[M]．北京：中国财政经济出版社，2002；黄祖辉，宋瑜．对农村妇女外出务工状况的调查与分析：以杭州市农村务工妇女为例[J]．中国农村经济，2005(5)；韩长赋．中国农民工发展趋势与展望[J]．经济研究，2006(6)；白南生．中国的城市化[J]．管理世界，2003(11)；欧阳力胜．新型城镇化进程中农民工市民化研究[D]．北京：财政部财政科学研究所，2013；王兆刚，来守龙．我国农业转移人口市民化研究综述及展望[J]．中共青岛市委党校青岛行政学院学报，2014(8)．

② 蔡昉，都阳，王美艳．劳动力流动的政治经济学[M]．上海：上海人民出版社，2002；李剑阁．应放松优质证券公司资产管理业务的资本金限制[J]．中国金融，2010；单菁菁．中国农民工市民化研究[M]．北京：社会科学出版社，2014.

③ 朱信凯．农民市民化的国际经验及对我国农民工问题的启示[J]．中国软科学，2005(1)；张延平，熊巍俊．城市农民工市民化适度规模研究[J]．全国商情(经济理论研究)，2005(11)；卢国显．我国大城市农民工与市民社会距离的实证研究[J]．中国人民公安大学学报(社会科学版)，2006(4)；刘传江，徐建玲，等．中国农民工市民化进程研究[M]．北京：人民出版社，2008.

④ 李培林．流动民工的社会网络和社会地位[J]．社会学研究，1996(4)；王春光．新生代农村流动人口的社会认同与城乡融合的关系[J]．社会学研究，2001(3)；何晓红．论农民工市民化与中小企业发展[J]．中国市场，2006(3)；刘传江．农民工生存状态的边缘化与市民化[J]．人口与计划生育，2004(11)；贺凤娟．新生代农民工市民化研究[D]．上海：华东理工大学，2010.

⑤ 范红忠．我国农村劳动力转移过程的成本分析[J]．农村经济，2006(3)；胡际权．中国新型城镇化发展研究[D]．重庆：西南农业大学，2005(6)；骆江玲．城镇化研究综述[C]//现代化的特征与前途．第九期中国现代化研究论坛论文集，2011；叶鹏飞．探索农民工城市社会融合之路：基于社会交往“内卷化”的分析[J]．城市发展研究，2012(1)；单菁菁．城市农民工社会适应状况与生活满意度调查[M]．济南：山东人民出版社，2006；杨萍萍．农民工市民化意愿影响因素的实证研究[D]．杭州：浙江工业大学，2012；陈江南．农民工市民化水平以及影响因素研究[D]．武汉：湖北大学，2013.

柴泳泳，2014；欧阳力胜，2013）；[①] 农民工市民化对人口城市化、城镇化、生活方式城市化水平、地域环境城市化水平的影响评估（孙锦、刘俊娥，2004；欧向军等，2008；张樨樨，2010）；[②] 城镇化为农业剩余劳动力创造就业机会的研究（卢海元，2002；陈锡文，2013；郁建兴，2013）；[③] 城镇化对农民增收、农村就业的带动作用研究（陈锡文，2013；冯海发，2001；杨曙辉等，2012；吴海峰，2002；王宝民等，2010；常益飞，2015）；[④] 农业迁移人口对城乡发展影响、城市对农民工歧视、城乡社会收入差距、城乡社区管理比较问题的研究（李芸，2002；高佩义，2004）；[⑤] 对城镇化的体制和政策、户籍政策和土地制度的研究（孙利，

---

① 张鸿雁．中国新型城镇化战略面临的十大难题及对策创新[J]．探究与争鸣，2013(11)；林广．成功与代价：中外城市化比较新论[M]．南京：东南大学出版社，2000；凌亢．中国城市化：水平测算与国际比较[J]．城市问题，2004(2)；王放．城市化与可持续发展[M]．北京：科学出版社，2000；李文溥，陈永杰．中国人口城市化水平与结构偏差[J]．中国人口科学，2001(5)；陆岷峰，高攀．中国城镇化建设战略的理论分析与策略研究[J]．西部金融，2013(8)；林拓．绿色低碳：新型城镇化下的可持续人居环境建设[M]．北京：中国建筑工业出版社，2004；王正中．以市民化推进农民的现代化[J]．马克思主义与现实，2006(6)；徐元明．失地农民市民化的障碍与对策[J]．现代经济探讨，2004(9)；葛正鹏，王宁．我国乡城迁移人群就业状况研究[J]．社会科学战线，2007(2)；柴泳泳．我国城镇化进程中农民角色转变的思考[D]．太原：山西师范大学，2014；欧阳力胜．新型城镇化进程中农民工市民化研究[D]．北京：财政部财政科学研究所，2013.

② 孙锦，刘俊娥．中国城市化水平综合评价研究[J]．河北建筑科技学院学报，2004(3)；欧向军，甄峰，秦永东，等．区域城市化水平综合测度及其理想动力分析：以江苏省为例[J]．地理研究，2008(27)；张樨樨．我国城市化水平综合评价指标体系研究[J]．中国海洋大学学报(社会科学版)，2010(1).

③ 卢海元．实物换保障：完善城镇化机制的政策选择[D]．北京：中国社会科学院研究生院，2002；陈锡文．农业和农村发展：形势与问题[J]．南京农业大学学报，2013(1)；郁建兴．从行政推动到内源发展：中国农业农村的再出发[M]．北京：北京师范大学出版社，2013.

④ 陈锡文．农业和农村发展：形势与问题[J]．南京农业大学学报，2013(1)；冯海发．论我国农村城镇化与农业的协调发展[J]．学习与探索，2001(4)；杨曙辉，宋天庆，等．基于工业化、城镇化与农业现代化同步协调发展的理性思考[J]．农业科技管理，2012(10)；吴海峰．解决"三农"问题的长远出路在于城市化[J]．信阳师范学院学报，2002(6)；王宝民，李劲为，田华．中国城镇化发展现状与发展趋势[J]．中国经贸导刊，2010(18)；常益飞．新型城镇化发展道路研究[D]．兰州：兰州大学，2015.

⑤ 李芸．都市计划与都市发展[M]．南京：东南大学出版社，2002；高佩义．中外城市化比较研究[M]．天津：南开大学出版社，2004.

2011；张敏、顾朝林，2002；李丽萍，2001）；① 对农民工市民化与城市化、非农化、城乡一体化和农村城市化的关系研究（魏杰，2003；林拓，2004；包亚军，2004；葛正鹏、王宁，2007）；② 对农民工市民化制约因素与障碍的研究（裘涵等，2004；杨东，2003；张世友，2004；严晓霖，2004；杨巍，2005；李生校，2004）；③ 对农民工市民化成本分担的研究（张国胜，2008；唐健，2010；魏后凯，2012）；④ 对农民工市民化的路径分析（张蔚，2011；叶鹏飞，2012；单菁菁，2006）；⑤ 促进农民工市民化的政策研究（杨成钢，2004；魏杰，2003；姜雅莉，2005；杨巍，2005；胡泽勇，2007；傅琼，2005；杜乃涛，2008；吴海峰，2009）。⑥ 在农民工市民化过程中，传统社会经济的二元结构和城市导向的政策使弱势的农民工被挤压，从事"稳定性差、风险高、低收入的工作"，是城市中的"工漂"

① 孙利．中国城市建设用地集约利用研究[D]．福州：福建师范大学，2011；张敏，顾朝林．农村城市化："苏南模式"与"珠江模式"比较研究[J]．经济地理，2002(4)；李丽萍．城市人居环境[M]．北京：中国轻工业出版社，2001.

② 魏杰．城市化战略的选择[J]．理论视野，2003(2)；林拓．绿色低碳：新型城镇化下的可持续人居环境建设[M]．北京：中国建筑工业出版社，2004；包亚军．农民市民化与农村城市化的可持续发展[J]．经济与管理论丛，2004(3)；葛正鹏，王宁．我国乡城迁移人群就业状况研究[J]．社会科学战线，2007(2).

③ 裘涵，等．农民市民化的现实困境及其突破：对宁波市北仑区城市化进程中农民市民化问题的分析[J]．农村经济，2004(3)；杨东．城市化进程中农民市民化问题研究[J]．理论探索，2003(6)；张世友．三峡库区城镇化进程中农民市民化的角色障碍及其调适策略[J]．农村经济，2004(12)；严晓霖．农民市民化：差异、问题与对策：江苏四乡镇农民市民化调查[J]．江苏农村经济，2004(9)；杨巍．农民市民化的内部视角——其制约因素及对策分析[J]．经济界，2005(9)；李生校．失地农民市民化的制约因素分析及其对策研究[J]．农村经济，2004(9).

④ 张国胜．中国农民工市民化：社会成本视角的研究[M]．北京：人民出版社，2008；唐健．让农民"带地进城"[J]．中国土地，2010(7)；魏后凯．带资进城与破解农民市民化难题[J]．中国经贸导刊，2012(6).

⑤ 张蔚．快速城镇化进程中农村土地退出机制研究[D]．重庆：西南大学，2011；叶鹏飞．探索农民工城市社会融合之路：基于社会交往"内卷化"的分析[J]．城市发展研究，2012(1)；单菁菁．城市农民工社会适应状况与生活满意度调查[M]．济南：山东人民出版社，2006.

⑥ 杨成钢．农民市民化进程的社会学思考[J]．农村经济，2004；魏杰．城市化战略的选择[J]．理论视野，2003(2)；姜雅莉．农民市民化：我国农村剩余劳动力转移的路径选择[J]．农村经济，2005(7)；杨巍．农民市民化的内部视角：其制约因素及对策分析[J]．经济界，2005(7)；胡泽勇．湖北小城镇发展战略中的农民市民化问题[J]．城市发展研究，2007(1)；傅琼．加速农民市民化的制度创新[J]．农村经济，2005(2)；杜乃涛．农村经济问题探索[M]．北京：中国经济出版社，2008；吴海峰．我国农民工问题的现状与发展趋势[J]．毛泽东邓小平理论研究，2009(9).

(樊纲、郑鑫，2014)。[①]

关于“农民工返乡创业”的研究焦点主要集中在返乡创业农民工分类、农民工返乡创业模式与能力特点的研究、影响农民工返乡的因素分析、影响农民工返乡创业的因素分析、影响农民工创业绩效的因素分析、农民工返乡创业的环境与政策分析、促进农民工返乡创业的对策建议等方面。国内相关研究的主要代表性观点如下：

(1)我国“农业剩余劳动力转移”动因由个人特征、经济制度、社会文化等因素共同决定，是工业化、城镇化的必然结果。我国农业剩余劳动力转移困难的主要原因是工业化、城镇化发展滞后。当前，我国“农业剩余劳动力转移”第一阶段的障碍已经基本消除，研究的重点应转向“农民工市民化”的研究。

(2)我国“民工潮”产生的主要原因：农村劳动生产责任制实施、人地数量比例关系、粮食增产、农产品流通改革、投资倾斜制度、产业集群发展、工业化和城市化、农村工业战略实施等。目前农民工处于城市“边缘人”的社会地位和生存状态，是“弱势群体”，农民工成为市民的初始愿望没有实现。农民工始终处于流动状态，即存在“城乡流动”与“在城镇沉淀”现象。城市化发展滞后、户籍制度、社会保障、土地制度使农民工在城镇生活的成本很高。农民工大量涌入城市带来了城市经济的发展，也带来了城市社会问题。

(3)我国农民工市民化的制度障碍：户籍制度、就业制度、住房制度和土地制度等，劳动力市场、人力资本、社会资本等因素作用明显。农民非农化进程的差异性、城市化进程的非同步性是我国农民工市民化面临的主要问题。市民化的主体性制约因素包括：农民工的小农意识、集体无意识，以及文化素质、技能素质、学习能力相对低下，具有自卑感和反市民化倾向等。农民工的层次分为老板、打工者和个体户三类，不同类型的农民工市民化具有不同的路径。新生代农民工最需要市民化，而人口因素、思想观念是影响新生代农民工市民化的主要因素。城市发展滞后使农民工

---

① 樊纲，郑鑫.“农民工早退”与新型城镇化——基于刘易斯模型对中国当前一些经济问题及对策的系统分析[J].劳动经济研究，2014(3).

缺乏转化为城镇居民的载体，增加了市民化的难度。农民工市民化初期阶段的政策选择和制度引导有重要作用，土地确权制度（杨宗耀等，2022）[①]、农民工市民化后期制度与政策支持是保障条件，需要经历退出、进入和融合环节。农村退出环节需实施耕地流转、农地征用政策改革。城市进入环节需实施户籍制度改革和城乡一体化的就业制度改革。在融合环节，农民工市民化的重点不是身份的城市化，而是淡化与身份相关的城乡利益差别，防止农民工市民化后沦为城市贫民。

（4）我国农民工市民化是城镇化的核心问题。需要实施农民工居住、社会保障、公共服务均等化和外来人口管理政策改革，提升农民工的就业竞争力和城市适应力。但目前在城镇化过程中，城市只吸纳了农民工中少数优势者而将多数农民工排斥在外，从而延缓了农民工市民化进程。在城镇化过程中，农民工市民化路径应选择渐进模式。

（5）研究认为，农村劳动力转移使印度和拉丁美洲国家的城市内部形成了明显的二元结构，出现了"经济有增长，社会无进步"现象，而美国、英国、德国，以及日本、韩国等国家则较好地解决了城市新移民的社会整合问题。经验表明，解决失业率高、收入低、增长慢等问题是农民工市民化的核心，提高农民工社会竞争力是农民工在城镇生存的关键。我国部分省份推进农民工市民化的实践经验也值得借鉴，如"宅基地换住房"（天津市）、"带着土地进城落户"（成都市）、"住房换宅基地、社保换承包地"（重庆市）模式。在完善农民工社会保障方面已经形成了"广东模式""江苏模式""浙江模式""北京模式"等，特别是杭州市的"新杭州人"的称谓传达了对农民工的社会认同信号（韩俊、何宇鹏，2014）。[②]

上述文献有助于拓展我们对农户家庭乡—城迁移现象的认识，但现有主流解释均未关照到数字技术对农户乡—城迁移现象的影响，缺乏数字化对农户家庭成员乡—城迁移影响的聚集性讨论。根据信息经济学理论，数字化技术、大数据、互联网信息在劳动力市场的供求均衡中的作用日趋重要，并在农民工就业创业的影响要素中占据重要地位。目前已有部分文献

① 杨宗耀，陈品，纪月清．农地确权如何影响农户举家迁移——对政策推广不同阶段影响差异的考察[J]．中南财经政法大学学报，2022(4)．

② 韩俊，何宇鹏．新型城镇化与农民工市民化[M]．北京：中国工人出版社，2014.

从数字化的视角提出了技术对农民工就业的冲击，但这部分文献缺乏对数字化时代农户乡—城迁移的影响和城市如何接纳的解释。在当前“数字中国”战略推进背景下，对与农户家庭成员“链式迁移”现实相应的城市接纳政策的探讨还有待深入。

1.3 相关的重点理论述评

经济学从宏观和微观视角研究农村劳动力迁移问题。微观理论涉及对劳动力微观个体或家庭视角的研究，宏观理论涉及对劳动力群体结构和宏观经济结构视角的研究。宏观和微观研究相互联系、相互交叉。

1.3.1 微观劳动力迁移理论

微观经济学主要从个体的视角研究劳动力迁移的动机，具体研究分为个体层面和家庭层面。

1. 个体层面的迁移动机研究

(1)消费变动引发迁移。认为劳动力迁移的根本动因是消费需求变动(Jorgenson，1967)。[①] 农产品剩余使农业对农村劳动力吸引力下降，劳动力向工业部门迁移(Wolpert，1965)。[②]

(2)绝对预期收入差距引发迁移。认为城乡绝对预期收入差距是农业剩余劳动力迁移的主要动因(托达罗，1992)。[③]

(3)相对收入差距推动迁移。认为城乡收入差异决定迁移行为选择(Diane，1997)。[④]

---

① Dale W Jorgenson. Surplus agricultural labor and the development of a dual economy[J]. Oxford Economic Papers, New Series, 1967(3).

② J Wolpert. Behavioral aspects of the decision to migrate[J]. Papers and Proceedings of the Regional Science Association, 1965(15). 转引自杜为公，等. 西方农业经济学理论与方法新发展研究[M]. 北京：中国人民大学出版社，2016.

③ 托达罗. 经济发展与第三世界[M]. 北京：经济科学出版社，1992.

④ Diane J Macunoxich. A conversation with richard easterlin[J]. Journal of Population Economics, 1997(10). 转引自杜为公，等. 西方农业经济学理论与方法新发展研究[M]. 北京：中国人民大学出版社，2016.

(4)社会和心理等动机引发迁移。包括社会地位变化动机、生活方式偏好动机、居住满意性动机、社会流动需求动机、家庭成员和亲友影响等迁移动机，以及与不迁移决策相关的各种不迁移动机等。

2. 个体层面的迁移决策研究

个体层面的迁移决策主要是基于对个体行为的分析，代表性研究主要有托达罗模型、哈里斯—托达罗模型、斯亚斯塔德迁移成本—收益理论、转移评估模型、生命周期理论、迁移年龄—迁移率模型、Abowd-Farber决策模型、搜寻理论模型等(黄敏，2009；杨肖丽，2009)。[①]

托达罗模型基于预期城乡收入差距，得出迁移农业劳动力城乡预期收入现值比较的结果。转移决策目标是城市期望收入的最大化。城市期望收入取决于城市期望工资所得和在城市能找到工作的概率(杜为公，2016)。[②] 个人转移的决策条件是城乡收入差异超出了转移的成本，即如下公式结果为正值：

$$\Delta = \int_0^T e^{\delta t}[P_u(t)y_u - y_t(t)]\mathrm{d}t - c$$

其中：$P_u(t)$表示t时刻城市就业率；

y_u表示城市期望工资收入；

$y_t(t)$表示t时刻农村的期望收入；

c表示转移成本。

上式可以解释在城市高失业率的情况下，农业劳动力向城市转移仍然持续、加速地进行，且并不需要设定充分就业状态的存在。可见，尽管城市存在持久的失业现象，且对最低工资进行限制，但城乡转移现象仍然长期存在。使用“影子价格”和系列工资补贴、指令性缓解城市失业的政策，如直接政府雇佣等，不仅不会改善福利，甚至还会加重城市失业问题。

托达罗给出的劳动力迁移数量方程为：

$$M(t)=f[d(t)],\ f(\ )\geqslant 0$$

① 黄敏．农村劳动力转移影响因素的研究综述[J]．生产力研究，2009(23)；杨肖丽．城市化进程中农民工的迁移行为模式及其决定[D]．沈阳：沈阳农业大学，2009.

② 杜为公，等．西方农业经济学理论与方法新发展研究[M]．北京：中国人民大学出版社，2016.

其中：$M(t)$表示劳动力可能的迁移数量；

t表示时间；

$d(t)$表示城乡预期收入差距；

设$f(\,)$是增函数，即$f(\,)\geqslant 0$。

t时刻城乡预期收入差异是农民工在城市预期收入与劳动力务农预期收入的差$d(t)$，即：

$$d(t)=w(t)p(t)-r(t)$$

其中：$w(t)$表示城市工资收入；

$r(t)$表示务农收入；

$p(t)$表示城市t时刻的就业率。

此时，城乡预期收入差距取决于城乡收入差距、城市就业率。分析可知，城市就业率取决于现代城市部门新创造的就业机会，以及城市失业人口数量，即：

$$p(t)=\gamma n(t)/[s(t)-n(t)]$$

其中：γ表示t时刻现代部门工作机会创造率，等于工业产出增长率减去现代部门的劳动生产率增长数量，即$\gamma=\lambda-\rho$，其中λ表示工业产出增长率，ρ表示劳动生产率增长数量；

$s(t)$表示t时刻城市地区劳动力总规模；

$n(t)$表示t时刻现代部门的劳动力规模。

托达罗家庭迁移方程式为：

$$M_A=\mu[\log(W_m/W_A)+\log(1-\rho)]$$

其中：M_A表示家庭净移民率；

$\log(W_m/W_A)$表示对城乡工资比率求导数；

$\log(1-\rho)$表示对城市就业率求导数。

结论：非农工资相对于农业工资的上升促进了农村人口向城市的转移。城市就业率的上升也促进了这种转移。

农村劳动力需求方程为：

$$L_A^D=A(W_A/P_A)^{-\alpha}e^{rt}$$

其中：L_A^D表示农村劳动力需求总量；

W_A/P_A 表示农业实际工资；

r 表示经济发展和技术变化的影响。

写成比率的形式，即：

$$\Delta \log L_A^D = -\alpha \Delta \log W_A + \alpha \Delta \log P_A + r$$

上式变形可得农业劳动力供给方程，即：

$$\Delta \log L_A^S = n_A - M_A$$

其中：n_A 和 M_A 分别表示人口自然增长率和移民率，可以看成农业劳动力的比率形式。

结论：农业工资在短期内对农业价格有较大的弹性，对城市就业条件有较弱的反应。①

3. 个体层面的迁移影响研究

哈里斯—托达罗模型在城市工资率是外生变量的假设条件下，研究劳动力迁移与城乡工资收入差距、城市就业率和福利变化的关系。认为迁移劳动力在城市的实际工资率低会使迁移城市的农业劳动力数量下降，从而增加城市就业率，即：

$$W_A = \frac{L_M}{L_{US}} / \overline{W}_U$$

其中：W_A 表示在农村务农的工资收入；

L_M 表示城市工业部门就业人口数量；

L_{US} 表示城市劳动力总量；

$\frac{L_M}{L_{US}}$ 表示城市就业率；

$\overline{W}_U$ 表示城市工业部门的实际工资收入；

$\frac{L_M}{L_{US}} / \overline{W}_U$ 表示城市预期工资水平。

做出迁移决策的条件为：

---

① 托达罗模型强调劳动力长期能够在城市找到工作，但对于劳动力短期迁移决策和劳动力回流决策问题未予考虑。该模型对迁移成本的考虑过于笼统。要对劳动力迁移决策及其行为进行分析，需对迁移成本及其影响因素进行深入分析。

$$W_A \leqslant \frac{L_M}{L_{US}} / \overline{W}_U$$

由此可见，城市较高的工资水平导致了较高的失业率。若在农村务农的收入水平不提高，城市工业部门创造的就业机会会使更多的农业劳动力流入城市。若此时用强制手段阻碍和限制会使农业部门福利下降。

4. 个体层面的迁移成本—收益研究

舒尔茨从成本—收益视角研究人口迁移行为，认为人力资本投资的重要方式之一是迁移。舒尔茨的农业劳动力迁移成本—收益分析认为，个人迁移和家庭迁移的目标是增加收益(杜书云，2006)。[①]

斯亚斯塔德(Sjaastad)在舒尔茨的劳动力迁移成本—收益模型的基础上，给出了成本—收益模型：

$$\sum_{j=1}^{n} \frac{(Y_{ij} - Y_{oj})}{(1+r)^j} - T \geqslant 0$$

其中：Y_{ij}表示迁移劳动力第j年的城市收益；

Y_{oj}表示迁移劳动力第j年的农村收益；

n表示预期迁移总年数；

T表示迁移成本；

r表示收益利率。[②]

劳动力迁移收益包括货币收益和非货币收益，劳动力迁移成本包括货币成本和非货币成本。

迁移者对迁移过程产生的预期收益和成本比较决定了迁移选择。但迁移有风险，只有风险承担者才会真正实施迁移行为。迁移的预期收益大于预期成本是迁移的必要条件，而不是充分条件(翁扬，2008)。[③]

---

① 杜书云．农村劳动力转移就业成本—收益问题研究[D]．郑州：郑州大学，2006.

② 微观劳动力迁移理论注重个体经济利益最大化行为的分析。按照微观个体利益最大化引导劳动力要素在区域之间流动，提高要素配置效率，对提高经济效率具有很大的促进作用。但该理论假设了一个完善的劳动力市场体系，劳动力空间迁移除微观个体因素外没有其他障碍，且劳动力信息充分，与实际不符，实际劳动力迁移要比该理论复杂得多。劳动力需要考虑各方面的因素，需要引入更多的经济变量和非经济变量。

③ 翁扬．基于成本收益的推拉作用看待“民工荒”问题[D]．西安：西安交通大学，2008.

5. 个体层面的迁移评估研究

有学者给出了计量经济学的转移评估方程，即：

$$M_{ij}=f(Y_i, Y_j, U_j, U_i, Z_i, Z_j, d_{ij}, C_{ij})$$

其中：M_{ij}表示 i 地区向 j 地区转移的人口总量；

Y_i 表示 i 地区的平均工资水平；

Y_j 表示 j 地区的平均工资水平；

U_j 表示 j 地区的失业率；

U_i 表示 i 地区的失业率；

Z_i 表示 i 地区城市人口比例；

d_{ij}表示 i 地区到 j 地区的距离；

C_{ij}表示居住在 j 地区、i 地区的朋友和亲戚数量（杜为公，2014），Z_j 的示意暂缺。①

上述方程在评估时被分为两种形式，即对称形式和非对称形式。在非对称形式中，差距变量不同，即$\frac{Y_i}{Y_j}$和 Y_i-Y_j 有差异。

6. 家庭层面的劳动力迁移微观研究

（1）新劳动力迁移经济理论。新劳动力迁移经济理论是以迁移者家庭为单位分析其迁移决策的理论，强调家庭和家庭决策在劳动力迁移决策中的作用。新劳动力迁移经济理论借助投资组合和契约安排理论研究家庭迁移决策依据、家庭劳动力资源城乡配置的收入不稳定风险，认为部分家庭劳动力成为农民工一般可以得到稳定的收入，或城市收入的波动周期与农业生产波动周期不同步时，可以降低家庭总收入不稳定的风险（Stark，1991）。② 按照一般投资理论的观点，首先是家庭其他成员对外出务工者投入前期的迁移成本，并以外出务工者定期向农业家庭汇款为契约。务工者在城市生存是降低农业家庭生活总成本的方式，间接地增加了家庭总收入。这种利益共享、风险共担可以使农业家庭整体利益最大化，劳动力迁

① 杜为公．西方农业经济学研究［M］．武汉：湖北人民出版社，2014.

② O Stark. Migration in less development countries：risk，remittances and family［J］. Finance and Development，1991（4）.

移行为会持续发生。“相对贫困”的概念可解释社会特征和社会网络等因素对迁移决策的影响。有学者认为迁移行为不仅取决于准备外出务工者在城乡间的预期收入状态，还取决于准备外出务工者在农村对家乡相对贫困度的感知，即相对收入差距，感知的经济地位下降也是迁移行为的重要动机(Stark 和 Taylor，1991)。①

(2)地方效用理论。农户家庭会选择向地方效用高的地区迁移，研究涉及家庭特征、区域特征、制度政策、个人特征等影响因素，并计算了农户家庭对迁入区域的满意度(Wolpert，1965)。②

设农户家庭迁移有 n 个可选迁移地域，设某农户家庭 i 选择迁移到区域 j 的效用为：

$$U_{ij}=\beta' X_{ij}+\varepsilon_{ij}$$

其中：X_{ij}表示迁移农户家庭的特性向量(包括家庭劳动力比重，平均年龄，家庭资产情况，家庭收入情况，家庭支出情况，农户家庭成员性别、年龄、受教育程度、婚姻情况等)；

U_{ij}表示农户家庭 i 选择迁移到区域 j 的效用。

分析可知，农户家庭 i 选择迁移到区域 j 的概率为：

$$P(y_i=j)=P(U_{ij}\geqslant U_{ik}),\ k\neq j$$

其中：k 表示除区域 j 以外的其他区域。

微观迁移理论在地方效用理论中得到了体现，采用劳动力迁移微观理论解释劳动力区域间迁移，考虑了个体特征、宏观因素、社区因素对迁移决策的影响。但个体差异与信息区域差异可能会使迁移者对迁出地与迁入地的“效用”评判有差异，而且迁移的目的不只是追求“效用最大化”。

1.3.2 宏观劳动力迁移理论

宏观劳动力迁移理论主要引入部门结构、劳动生产率、比较利益等来

① O Stark，J E Taylor. Migration incentives，migration types：the role of relative deprivation[J]. The Economic Journal，1991(101，408).

② J Wolpert. Behavioral aspects of the decision to migrate[J]. Papers and Proceedings of the Regional Science Association，1965(15).

研究劳动力迁移问题(王志浩，2007)。[①] 如配第、李嘉图、斯密、克拉克、刘易斯和乔根森的研究等。常用的模型主要有收入分配效应模型、资源流动模型、距离理论模型等(索维，1983)。[②]

二元经济结构理论认为，农村剩余劳动力不断向城市、现代工业部门迁移的主要原因是城市现代工业部门和农村传统农业部门间的收入差距，即“支付维持生活的最低工资就可以获得无限的劳动供给”。“迁移劳动力工资是维持基本生活需求的最低工资，农村劳动力迁移城市呈无限供给的状态”(何力武、罗瑞芳，2010)。[③]迁移将持续到农业剩余劳动力全部被现代工业部门吸收。劳动力由无限供给变为有限供给的拐点，即“刘易斯拐点”。

动态二元经济结构理论研究了农业发展和工业增长的动态关系。Fei 和 Ranis(1961)解释了传统部门和现代部门协同发展的状态。他们研究认为农业剩余劳动力向现代工业部门转移的条件是由农业生产率提高引发的农产品供给过剩。[④] 农业部门完成从传统农业向现代农业的根本转变，使农业部门、现代工业部门工资都取决于边际生产力(何力武、罗瑞芳，2010)。[⑤]

劳动力迁移结构理论从人口内生变化和消费结构角度说明了劳动力迁移的动因(Jorgenson，1961)。[⑥]乔根森模型在资本积累上升和技术进步水平提高、技术进步中性条件下，说明了农业经济发展和市场对劳动力迁移的影响(杨英强，2008；张清泉，2008)。[⑦]

人口迁移推拉理论认为，人口自由流动产生的人口迁移动因是改善生活状态。迁入地区能够改善生活条件的动因为“拉力”，迁出地区生活条件

---

① 王志浩．中国农民工流动行为研究[D]．哈尔滨：东北林业大学，2007.

② 索维．人口通论[M]．北京：商务印书馆，1983. 转引自杜为公，等．西方农业经济学理论与方法新发展研究[M]．北京：中国人民大学出版社，2016.

③⑤ 何力武，罗瑞芳．农民工工资决定的微观行为机制研究[J]．经济纵横，2010(1).

④ Fei C H，Ranis G. A theory of economic development[J]．American Economic Review，1961(1).

⑥ Jorgenson D W. The development of a dual Economy[J]．Economic Journal，1961(11).

⑦ 杨英强．现阶段农民工市民化问题研究[D]．成都：西南财经大学，2008；张清泉．二元经济结构条件下的中国农民工研究[D]．福州：福建师范大学，2008.

无法改善的动因是“推力”(李强，2003)。[①]

人口迁移的一般均衡模型可以描述传统农业部门和现代工业部门的关系及变迁问题(Daveri 和 Faini，1999)。[②] 有代表性的研究如人口迁移 7 条规律等(Ravenstein，1985)。[③]

宏观劳动力迁移理论说明了经济发展、经济结构变动、资源流动对劳动力迁移的影响，从劳动力或社会经济视角分析劳动力迁移问题，有助于解释劳动力迁移的宏观动因和外在作用。但关于劳动力迁移的宏观研究直接涉及农业劳动力个体、农业家庭迁移决策过程，影响因素研究较少(周明，2010)。[④]

1.3.3 相关研究述评

1. 国外代表性观点点评

国外相关研究的基本思路和分析框架可以借鉴，但研究结论不能照搬。国外多数国家的“工业化”“农业剩余劳动力非农化”和“农村人口城市化”是同步进行的，而我国剩余劳动力转移经历了“从农民到农民工”“从农民工到市民”两个阶段，从迁出地迁出到迁入地定居过程不是同时完成的，家庭迁移也存在迁出、回流现象，多数农民工游离于城乡之间，形成了社会隔离、边缘化累积和代际传递。直接移植国外理论，如由“推拉理论”“劳动力转移理论”“收入预期理论”“农村劳动力非永久性迁移理论”形成的政策在实施过程中可能会存在偏差。

2. 国内代表性观点点评

国内学者前期的研究可供借鉴，但在视角、理论、方法、基础数据、政策等方面存在不足。

在研究视角方面，农户乡—城迁移行为包含空间、时间和行业三个维度。空间维度指农户家庭决定外出迁移的空间选择。时间维度指农户家庭

---

① 李强．影响中国城乡流动人口的推力与拉力因素分析[J]．中国社会科学，2003(1)．

② Daveri F，Faini R. Where do migrants go? [J]．London：Oxford Economic Papers，1999(51)．

③ Ravenstein E G. The Laws of migration[J]．Journal of the Royal Statistical Society，1985(48)．

④ 周明．二元社会保障制度下农民工迁移行为及验证[J]．山西师范大学学报(社会科学版)，2010(2)．

融入城市的过程，以及迁移的代际选择。行业维度指农户家庭迁移后从事职业的行业选择。现有研究多集中在空间和行业维度，对时间维度的研究相对较少。

在理论研究方面，我国对“农业剩余劳动力转移”的理论研究，即第一阶段“农民到农民工”的理论研究较多，而对“农民工市民化”的理论研究，即第二阶段“农民工到市民”的理论研究相对较少。当前农民“外出打工”的障碍已经解除。农民工市民化的研究内容虽然涉及了农民工市民化的动机、成本、收益，以及农民工市民化的影响因素，但多是从宏观结构独立视角，或是从微观个体行为独立视角进行理论描述，而对两者内在逻辑联系的理论探索不足。在理论体系方面，“农民工到市民”的理论分析涉及人口经济学、社会经济学、农业经济学、农村经济学、劳动经济学、产业经济学、城市经济学、区域经济学、制度经济学等多个理论体系，而前期的研究较多地使用制度经济学的理论，过度强调了制度的作用，而较少强调其他理论体系的应用，特别是研究农民工“家庭迁移”时较少从多视角开展跨学科交叉性研究。

在研究方法采用上也存在局限，对农民工市民化进程的评估与预测方法不能动态、快速、准确地评估数据，有些模型也仅适用于特定的统计数据、特定的地区和特定的人群，在地区适应性、时间阶段适应性方面存在问题。当前研究多采用成本—收益模型、目标函数等对农民工市民化制度设计的动因、成本进行研究，模型也多是建立在统计分析基础上的经验性模型（不涉及系统内部运行机理）或静态模型（不含时间变量），其评估的准确性会受影响。

在基础数据选择上，前期相关基础数据采集、预测多在单一因素下进行，数据交叉、重复的问题较多，不能支撑相关研究。对我国农民工市民化现状与过程的评估数据还不足以成为理论与政策研究的基础数据，特别是涉及我国农户乡—城迁移行为现状与“家庭迁移”过程的评估数据、各迁移状态（阶段）之间连接和过渡的数据较少，不足以支撑理论与政策研究。

在政策研究方面，前期研究提出了改变城乡二元财政、二元社会福利、二元税收、二元户籍、二元就业政策，以及土地流转、农民工教育培训政策等的方法与思路，政策设计动机是为农民工市民化提供经济环境、社会环境，缓解经济负担，消除制度障碍。但前期政策设计缺少对单一政策中嵌入多种政策因素的分析，如在户籍改革政策中涉及其他的政策冲突等。推进农民工市民化政策的系统性、应用性、可操作性和实践性研究不足，特别是忽视了我国农民工市民化分类、分步骤、分阶段实施的要求，也较少说明推进农户家庭市民化政策的阶段性差异。前期研究在提供“政策支撑”方面还需要加强。现有的政策设计多是在单一视角下进行的，没有考虑不同迁移阶段政策的差异性和适用性，政策目标指向不明确，特别是忽视了农户乡—城迁移行为的具体要求。

1.3.4 本书拟解决的问题

1. 从时间维度研究

农户家庭迁移是“链式迁移”，分为多种迁移状态、四个决策阶段、三种“链式迁移”方式：一是农户家庭成员个体有序迁移，完成市民化；二是农户家庭举家迁移，完成市民化；三是不论是农户家庭还是成员个体都没有完全完成市民化，而是经过代际转移，由第二代农户家庭成员完成市民化。由此可根据不同阶段分析影响因素，说明城市接纳方式。

对应的四种城市接纳方式选择为：以接纳农民工个体为主；以解决居住为主；以处置农村资产、解决户籍问题为主；以解决城市居民福利，改进社会制度结构、社区特征和自然环境为主。

2. 加强基础数据收集、整理

设想改变当前依赖静态历史数据或经验案例的被动预案方式，走向动态适用性对策研究。其他数据使用国家统计局的数据（农村社会经济调查队调查数据、农村固定观察点调查数据）。

3. 注重城市接纳能力与接纳方式研究

在数字化时代，促进农户乡—城迁移的制度改革道阻且长，当行稳致远。根据农户乡—城迁移行为不同决策阶段，说明最优的城市接纳方式。针对农户乡—城迁移行为政策设计与实践联系不紧密的问题，本书根据不同阶段、不同状态进行政策设计，提高推进农户乡—城迁移行为政策的动态性、适用性。

1.4 研究对象，基本思路，研究内容、方法、重点与目标

1.4.1 研究对象

本书研究的对象有以下两个：

农户家庭。在研究涉及个体迁移决策时，可分类为城市劳动力和非劳动力成员、农村劳动力和非劳动力成员等。

准备接纳农户家庭落户的城市政策决策者和政策制定者。涉及在“链式迁移”不同阶段的城市接纳方式选择，特别是在数字化时代，农民工务工工种变换存在“短期化”频繁换工问题，各城市应该制定相应的接纳政策。

1.4.2 基本思路

在总结相关研究成果的基础上，本书将按以下思路展开研究：

第一步，寻找研究基础，对存在的问题进行基本理论与方法分析。主要完成相关研究的基础数据和样本数据的采集、预测和整理工作，对现状进行分析。确定研究采用的基本理论范式，并对农户乡—城迁移行为不同阶段效用变化、成本—收益变化进行理论比较，对城市接纳能力与城市接纳方式进行理论分析。试图实现的研究目标：获取基础数据，说明现状，并进行理论分析。

第二步，进行理论实证检验。采用样本数据，对理论分析结论进行实证检验。试图实现的研究目标：确定“链式迁移”不同阶段、不同类型家庭的决策影响因素，为选择城市接纳方式奠定基础。

第三步，进行政策研究。试图实现的研究目标：说明在数字化时代，农户乡—城迁移行为不同阶段的城市接纳方式，设计推进农户乡—城迁移行为不同阶段的政策，并给出推进农户乡—城迁移行为不同阶段的实施方案。

第四步，给出研究的主要结论，并指出进一步研究的方向。

1.4.3 研究内容

在对国内外前期研究述评的基础上，本书分四部分展开研究：

第一部分：数据收集与现状分析。内容包括相关农民工基础数据的采集、预测、处理；相关农户乡—城迁移行为的基础数据采集与处理；湖北省钟祥市农民工、农户家庭相关的样本数据采集与处理；对湖北省武汉市东西湖区的样本数据采集与处理；说明我国农户乡—城迁移行为现状与趋势，并说明存在的问题。

第二部分：理论分析。内容包括：基本理论与基本方法选择，主要引入“效用分析”“成本—收益分析”研究“链式迁移”不同阶段、不同类型家庭的决策方式，从理论上说明决策影响因素；对城市接纳能力与城市接纳方式的理论分析。理论实证检验，采用样本数据，确定“链式迁移”不同阶段、不同类型家庭的决策影响因素，为城市接纳方式研究奠定基础。

第三部分：政策分析。内容包括对数字化时代农户“链式迁移”不同阶段、不同状态、不同类型家庭、不同动机下城市接纳方式进行差异化设计，考虑数字化因素，并给出实施对策。

第四部分：结论。总结主要研究结论，并提出研究的不足和进一步研究的方向。

1.4.4 研究方法

除一般熟知的经济学研究方法外，本书具体采用如下方法以保证研究的科学性与先进性。

效用分析和成本—收益分析方法。运用新劳动力迁移经济理论中的效用理论分析农户乡—城迁移行为不同阶段决策与行为选择的效用影响因素；对农户乡—城迁移行为过程各阶段的迁移决策与迁移行为研究引入微观个体、家庭因素，宏观社区、社会制度因素等，分析农户乡—城迁移行为不同阶段选择的成本—收益因素，并提出政策建议。

实证检验方法。采用样本数据进行实证检验。对农户乡—城迁移行为效用最大化进行求解，经验判断是凭借经验作出的判断，科学判断是凭借科学原理、理论、定律和对事实的科学概括作出的判断。经验判断往往缺乏严密的演绎推理，也不进行严密的归纳，对判断的前提一般不作清晰的界定，前提与结论之间的联系也不是很严密，采用实证检验的方法可以修正理论研究结论，为政策研究奠定基础。

均衡分析法。将农户家庭置于各类微观和宏观因素共同作用的环境中进行均衡分析。在研究农户乡—城迁移行为分阶段目标，及不考虑各阶段相互影响时采用局部均衡分析，将农户家庭的成本、收益分离。

观察陈述和理论陈述相结合的方法。观察陈述主要来自对现状的总结，而理论陈述来自一般经济学对农业经济的分析与解释。理论陈述来自一般经济学理论，并伴随一般经济学理论而不断发展。本书在理论研究中采用理论陈述的方法，在涉及样本分析时采用观察陈述的方法。

1.4.5 研究重点与研究目标

1. 研究重点

研究不同类型家庭在不同迁移阶段的迁移决策、迁移行为，并提出相应的城市接纳方式。结合成员自身条件、家庭条件、社区条件、社会环境与制度条件，选择不同阶段、不同类型的家庭迁移行为路径，提出不同的城市接纳方式，并提出相应对策建议。

2. 研究目标

从时间维度上研究农户乡—城迁移行为全过程，说明不同阶段的城市接纳方式。分析不同阶段的迁移决策及其迁移行为，探求农户乡—城迁移行为的一般规律，提出不同农户家庭的城市接纳方式，并提出对策建议。

2 基本概念界定与基本假设

2.1 基本概念界定

2.1.1 农民工

农民工指在城市或乡镇非农产业务工，户籍在农村的过渡群体(拾丽莉，2015)。① 我国农村劳动力离开农村成为农民工但未享受城市市民的公共福利，是城市化、工业化进程中的"特殊群体"。农民工的身份仍是农民但也可能成为市民；农民工从农村迁移向城市，并在迁入地每年生活 6 个月以上；从农业产业转向非农产业，农民工熟悉城市但游离于农民和市民群体边缘(简新华等，2008；石红溶，2012；陈江南，2013；欧阳力胜，2013)。②

本书从家庭视角来定义农民工，认为他们首先是农户家庭中的成员。不同家庭状态的农民工在迁移决策与迁移行为上存在较大差异。本书以首个农民工初次离乡阶段为研究的切入点，直到农户家庭融入城市，成为"真正的"市民为整个过程。研究中将纯农村家庭的符合迁移条件而迁移的劳动力视为"潜在农民工"。

---

① 拾丽莉．农业转移人口市民化问题与对策研究[D]．广州：中共广东省委党校，2015.

② 简新华，黄锟，等．中国工业化和城市化过程中的农民工问题研究[M]．北京：人民出版社，2008；石红溶．农民工市民化与地方政府行为[D]．西安：西北大学，2012；陈江南．农民工市民化水平以及影响因素研究[D]．武汉：湖北大学，2013；欧阳力胜．新型城镇化进程中农民工市民化研究[D]．北京：财政部财政科学研究所，2013.

2.1.2 农民工市民化

农民工市民化是农村剩余劳动力在职业、身份等方面向城市市民转化的过程。农民工市民化的定义涉及市民身份和权利、社会融合、文化素质、经济地位、价值观念、社会文化、心理等内容(胡际权，2005；骆江玲，2011；叶鹏飞，2012；单菁菁，2006；杨萍萍，2012；陈江南，2013)。[①] 农民工市民化是一种理性且综合的考量，是一种基于生活、工作和家庭发展一体化推进的周密选择。

本书从时间进程角度研究农民工市民化，即研究农民工及农户家庭最终转变为市民的整个过程。包括户籍从农村户籍变为城市户籍，居住地从农村到城市，从务农转向非农产业，社会组织形态、生活观念、价值观念等与市民逐渐趋同的过程等。

2.1.3 农户家庭

农户家庭指部分或全部成员是农民工的农村家庭，或家庭成员存在迁移的行为动机的纯农村家庭，且家庭的务工收入已成为家庭总收入的主要来源。农户家庭已经成为当前我国农村的基本家庭模式。家庭以血缘亲缘关系为核心，是基本的生活、生产单元，是生产组织也是消费组织，是最基本、最重要的制度和群体形式，是极具凝聚力的、内部经济利益保持高度一致的社会基本细胞，是人们最重要、最基本、最核心的精神家园，是社会、国家稳定发展的基石。农户家庭是依靠共同选择的合理契约来完成经济和社会活动的重要组织，同时兼顾家庭成员间的协调性和整体性、成员个体的选择性。农户家庭成员的经济利益具有高度的统一性。当前农民工大规模的流动日渐“家庭化”，以农户家庭迁移方式实现市民化是我国实现农民工市民化的必由之路。

---

① 胡际权．中国新型城镇化发展研究[D]．重庆：西南农业大学，2005(6)；骆江玲．城镇化研究综述[C]//现代化的特征与前途．第九期中国现代化研究论坛论文集，2011；叶鹏飞．探索农民工城市社会融合之路：基于社会交往“内卷化”的分析[J]．城市发展研究，2012(1)；单菁菁．城市农民工社会适应状况与生活满意度调查[M]．济南：山东人民出版社，2006；杨萍萍．农民工市民化意愿影响因素的实证研究[D]．杭州：浙江工业大学，2012；陈江南．农民工市民化水平以及影响因素研究[D]．武汉：湖北大学，2013.

本书认为，农户家庭是我国能够最早、最快和最有能力完成市民化进程的群体，以农户家庭为基本研究“单位”更符合国情。农户家庭决策决定迁移行为，受家庭的效用和家庭成本—收益约束。家庭联产承包责任制强化了农户家庭的决策主体地位，且决策由家庭内部成员完成。外出农民工通过带动留守成员随迁、回乡创业或汇款回乡等形式与农户家庭保持联系。农民工外出务工不仅是自身收益最大化的结果，也是农户家庭收益最大化和家庭收益风险最小化的选择。

2.1.4 劳动力流动、劳动力转移和劳动力迁移

劳动力流动指为谋求生存发展，在就业地点间和行业间运动的现象。包括：劳动力地域间流动，即非稳定、跨区域的务工地点（乡镇内、县域内、省内、跨省和跨国）变化；劳动力行业间（从农业向非农产业）流动，即产业间或产业内流动。

劳动力转移和迁移内涵相似，是带有跨区性、稳定性的空间转换。劳动力迁移是劳动力选择新定居点的运动现象，在本书中是选择城市作为新定居点的运动现象。“迁移”相对于“流动”更不可逆。劳动力迁移是一种理性且综合的考量，是一种基于生活、工作和家庭发展一体化推进的周密选择。

本书在分析农户乡—城迁移行为时，流动、转移、迁移概念在空间区域变化相同，只是“链式迁移”进程中空间转换的稳定性和不可逆性更强，但在“链式迁移”的各个阶段也存在劳动力非稳定的流动、转移、回流等情形。

2.1.5 农户乡—城迁移行为

农户乡—城迁移行为的概念最早由郑梓桢提出，他认为农户家庭式迁移是迁移理论中“链式迁移”的一种，由一人带动全家、亲属甚至整个村的人口迁移。“链式迁移”有利于农户家庭稳定和社会稳定。农户乡—城迁移行为为农民工市民化问题研究提供了新思路。

本书认为，现有的家庭迁移概念多指家庭整体迁移，是“链式迁移”。农户乡—城迁移行为是农民工及成员分阶段、分批离开农村，到居住地之外地区定居的过程。

农户乡—城迁移行为分为时间、空间和行业三个维度，如表 2-1 所示。

表 2-1 农户乡—城迁移行为时间、空间和行业维度内容说明

维度	内容说明
时间	农户家庭可选择第一代家庭成员单独迁移、第一代家庭举家迁移；第二代家庭成员完成迁入城市目标
空间	农户家庭及成员可选择在乡内、乡外、省内、省外、国外就业。国内可选择东部地区、中部地区或西部地区
行业	主要指各非农产业的行业

本书设想的农户乡—城迁移行为指家庭选择效用最大化方案并实施迁移的行为，其具体行为选择如表 2-2 所示。

表 2-2 农户乡—城迁移行为选择与决策选择

决策选择	迁移行为选择
初次离乡	派出首个农民工
举家迁移	有序迁移
定居城市	举家迁移
融入城市	迁移融入

2.1.6 农户乡—城迁移行为决策

本书认为农户乡—城迁移行为有多种迁移状态，如表 2-3 所示。

表 2-3 农户乡—城迁移行为迁移决策选择

农户家庭状态	对应决策
纯农村家庭	—
派出首个农民工农户家庭	派出首个农民工
半迁移农户家庭	离乡
举家迁移未定居农户家庭	举家迁移
举家迁移定居农户家庭	定居城市
融入城市农户家庭	融入城市

注：基于研究的调查数据，纯农村家庭不是真正意义上的农户家庭，是“链式迁移”的准备阶段，为比较研究将这类家庭列入。下同。

农户乡—城迁移行为决策与单一的个人迁移决策不同，存在投资共担、收益共享的契约安排，“链式迁移”决策不是个体决策，而是优先进行家庭决策再考虑个人决策。农户乡—城迁移行为决策是家庭重要的社会经济决策和成员的行为选择决策。

2.1.7 城市接纳方式

城市接纳方式是由社会制度结构、农村家庭、社区特征等构成的复杂系统，是农户家庭能够最终以家庭形态融入城市的基本条件。如表 2-4 所示。

表 2-4 家庭“链式迁移”状态与城市接纳方式选择对照

农户家庭状态	城市接纳方式选择
纯农村家庭	这类农户家庭较少
派出首个农民工农户家庭	以接纳首个农民工个体为主
半迁移农户家庭	以接纳农民工个体为主
举家迁移未定居农户家庭	以解决农户家庭居住问题为主
举家迁移定居农户家庭	以处置农户家庭农村资产、解决成员户籍问题为主
融入城市农户家庭	以解决农户家庭成员城市居民福利、改进社会制度结构为主

2.1.8 数字化时代

数字化时代是以数字资源为主要生产要素的时代。数字化起源于信息技术应用，是一种信息技术发展到高级阶段的经济状态。在数字化时代，数字化、智能化、网络化发展迅速，数字化积极推动产业交融，注重交融和互利互惠，与传统的行业交融并实现价值增量，交融的方式主要包括生产方式交融、产品交融、服务交融、竞争规则交融以及产业交融。数字经济与产业的交融渗透发展，无疑会使数字要素带动新型经济范式快速构筑。在数字化时代，农民工务工工种变换存在“短期化”的频繁换工问题。

2.2 研究的基本假设

2.2.1 农户家庭及成员理性“经济人”假设

本书假设农户家庭及成员都是理性“经济人”，且农户家庭迁移决策首先考虑家庭整体效用最大化，再考虑成员个体效用最大化。农村家庭成员在做分工决策时，先进行集体讨论再对成员进行分工，然后成员个体再进行个人效用最大化决策，最终以家庭为整体进行劳动力的城乡资源配置。整体效用最大化与个体成员效用最大化的资源配置方式有差异，但并不矛盾，且是整体与个体间的互动行为。需要说明的是，农民工及其家庭的理性是有限的，与主观认知能力、所处环境和获取信息的能力相关。静态的理性在动态中可能非理性，短期的理性在长期中可能非理性。农户家庭有限理性使农户乡—城迁移行为选择存在不确定性。在不完全信息条件下，长期家庭成员个体因素和家庭因素方面相关信息完全，而社区因素和宏观环境与制度因素相关信息不完全。农户家庭及成员是理性“经济人”，农户家庭劳动力城乡配置决策基于家庭效用最大化，是城乡间家庭综合效用比较的结果，即城市接纳方式决定了效用变化，也决定了农户家庭迁移的行为选择。

2.2.2 农户家庭及成员风险性假设

设农户家庭为“风险中性”，决策目标是终身效用现值最大化。农户家庭有能力选择长期收益最大化的行为来提高家庭总体收入水平。农户乡—城迁移行为选择表现为追求终身收益现值最大化。

2.2.3 农户家庭不可拆分性与可拆分性假设

本书假设农户家庭迁移决策以“家庭整体效用最大化”为目标，表现出农户家庭的不可拆分性。当家庭完成劳动力资源城乡间的配置后，再进行个体决策则表现为农户家庭的可拆分性(史清华等，2005)。[①] 农户家庭的不可拆分性说明家庭在追求整体效用最大化条件下对成员进行配置，从而形成家庭迁移决策。需要说明的是，家庭迁移决策的时间、空间、环境不同，家庭整体利益最大化实现条件不同、影响因素不同，其迁移行为也不尽相同。

2.2.4 家庭成员自由配置假设

本书假设在农户乡—城迁移行为过程中，农户家庭劳动力的配置是自由的。基于“推力—拉力”理论[②]得出，第一，城市流入地对农户创业就业的拉力；第二，流出地对农户家庭创业就业的推力；第三，新农人自身的成本—收益分析和价值判断。

2.2.5 决策因素外生性和内生性假设

本书的微观分析假设宏观因素对迁移行为的影响是内生的，家庭层面分析假设其他因素(如家庭因素、个人因素、社区因素)的影响是内生的，若宏观内生变量发生变化则按照外生变量处理。

2.2.6 其他研究假设

农户乡—城迁移行为经历了三个阶段，每个阶段都符合 Soelberg 的工作搜寻阶段模型，通过比较各“链”的终身收益现值进行迁移决策。设研究时间区间是农户家庭的一个生命周期，即家庭组织结构没有发生根本性变化。若农户家庭组织结构发生变化并形成了新家庭，则迁移决策将在新的家庭成员组成约束下进行。从一个家庭生命周期到另一个家庭生命周期的迁移决策是超长期动态决策。

---

① 史清华，程名望，赵正龙．影响我国农村劳动力转移的农村因素的调查分析[J]．华南农业大学学报，2005(6)．

② 英国著名学者雷文斯坦(E G Ravenstein)经过多年研究，在《人口迁移之规律》一文中提出该理论。在该理论中，巴格内指出，人口流动的原因在于流入地经济环境与流出地经济环境之间的比较。

2.3 数字化时代农户迁移行为的福利经济学分析

农户决策理论将农户作为独立的分析单位，且假设农户只有一个效用函数。这一假设在分析农户内部劳动分工时存在局限性。

新古典经济学的基本分析单位是追求效用最大化的个人而非整个家庭，认为个人对各种最终消费品的偏好有优先顺序。个人效用是无法度量的，不同个人获得的效用在量上也是不可比或不可加的。个人作为经济主体，在追求个人效用的过程中，最终消费品的品种和数量取决于市场上的相对价格。

福利经济学研究两个或两个以上的以效用最大化为目标的个人在市场上的相互影响。最明确的结论之一是，在具有两种商品、两个人的世界里，只存在两个人面对的同一个市场价格比率。两个人共同达到福利最大化的条件是，每个人都实现两种商品对自己的边际替代率与市场价格比相等，即均衡时两个人的边际替代率本身也是相等的。但这一结论既不能表明每个人所获得的幸福的绝对数量，也不能说明每个人有能力购买的两种商品的数量，后者是由两个人之间的初始收入分配状况决定的，但收入分配问题不属于共同福利最大化的研究范围。采用“帕累托标准”提高社会福利的方式同样没有表明一个人在另一个人福利提高之前的相对福利水平，也没有说明两个人间的初始收入分配状况。

新古典经济学为研究家庭的决策行为，采用效用函数来代表家庭，家庭努力实现这个效用函数的最大化。但一个家庭只有一个效用函数的设想需要的假设条件很严格。家庭内各成员间的经济关系不以市场价格为中介。由于效用在成员间不可比较，各个成员的效用函数无法加总，不能用家庭内各成员效用函数相加的办法来确定一个家庭的效用函数。为得到家庭效用函数，假设每个家庭成员都将其个人喜好置于家庭共同目标之下，要求每个家庭成员在家庭内部将纯粹的利他主义作为行为准则。利他主义意味着效用是从家庭整体而不是从各个家庭成员的目标得出。但怎样形成家庭共同目标？怎样保证家庭成员所有行为都是为了实现这一目标？是采用家庭有一个利他主义的家长来解释家庭只有一个效用函数，还是比较欺骗性地说家庭效用函数是从所有家庭成员的偏好中推导出来的更简单可行？利他主义假设又可解释成家庭由一个慈悲的独裁者管理，他根据整个家庭的利益确定家庭的目标。

新家庭经济学说明了家庭效用函数的局限性，研究结论如下：

新古典经济学假设个人是自私的，但与个人自私假设形成鲜明对比的是农民家庭内部的利他主义假设。若利他主义在农民家庭内部行之有效，为什么不能在大范围的社会内行之有效呢？若利他主义在农民家庭内部行之有效，就可能有一种不同于自由市场的社会组织也能实现社会福利的最大化。若个人的自利追求是社会福利最大化的唯一基础，为什么个人自利被排除在农民家庭内部的分析之外？

利他主义假设意味着家庭内部各成员间存在一定程度的互惠，但家庭外部互惠却被视为市场有效发挥作用的障碍。社会互惠和共享可用来部分地区别农民社会关系与资本主义社会关系，而家庭互惠是在广泛的市场经济环境中最大化福利的本质条件。

在分析农户迁移问题时，需要对农民家庭内部是否有对立和不平等进行经济分析。但家庭效用函数模糊了农民家庭内部问题，给经济分析造成了障碍。根据新古典经济学，由于市场交易的各方都因交易对自己有利才参加交易，所以市场里不可能出现对立和剥削，利他主义假设又保证了家庭里不可能出现对立和剥削。家庭内利他主义的假设，在将家庭劳动引入经济分析的方向上走出第一步。农民家庭内的工作也有可用市场工资表示的机会成本，农民家庭内的工作也是生产性劳动，因为它能提高家庭的物质福利。若用市场工资来衡量，在家庭内工作的价值会超过在家庭外工作挣得的现金收入。

新家庭经济学研究男女间的劳动分工是用男女实现家庭福利最大化，可用静态比较优势解释，即每个家庭成员将专门负责其能更有效率完成的工作。若女性与男性成员在家务事上的效率相同，但男性在市场上获得的工资比女性高，男性便应外出工作而女性应待在家里。有学者利用比较优势理论解释了南非男性离开土地去从事雇佣劳动，导致农业产量停滞的现象(Low，1986)。[①] 但上述研究比较的是男性与女性之间不同的市场工资，而男性与女性在农业中的劳动边际生产率却没有差异。社会变革会改变女性地位，静态比较优势分析排除了社会变革因素，只承认市场力量转移导致的女性地位改变。如收入的普遍提高使家庭能购买劳动节约型的家用电器，女性就有可能外出工作。女性的市场工资增长速度超过男性也会产生同样的后果。

假设家庭预期女性的未来工资低于男性，家庭为达到贴现后的福利最大化，就可能剥夺女性现在的资源，将其用于男性身上。这就可以解释为什么在一些农业社会中，女婴的死亡率特别高。

比较优势的因果关系理论是从市场出发，引出效用函数。由于市场可解释女性为什么被轻视，因此可推论，家庭效用函数肯定具有不平等对待女性的趋势，但导致女性被忽视的家庭内部权利关系被忽略。比较优势理论不能解释在另一社会中，男性与女性的未来预期工资差别很大，但男性与女性受到的待遇却几乎相同的现象。比较优势理论可用于解释家庭内部的劳动分工与资源分配，但它在解释中所依据的原则忽视了家庭中的社会关系。例如：将市场价格当成唯一的解释力量；排除所有非市场因素对家庭内劳动分工与资源分配的作用；完全不考虑在确定家庭目标时，男性与女性权利的不平等；没有注意男性与女性在家庭中决策行为的差异；家庭劳动在市场上的机会成本差异仅是劳动性别分工包含的多重事实之一。

2.3.1 福利经济学对农户家庭成员内部关系的研究

农民家庭内部有许多经济行为无法应用单一家庭效用函数、比较优势和市场价格来解释。例如：男性农民比女性农民享有的经济自由度更大，男性农民比女性农民在支配家庭现金收入时的自由度更大；男性农民倾向于将现金收入花在自己身上，而不是花在节省女性农民劳动时间上；由社会因素造成家庭任务分工的刚性，结果是无论市场相对价格或劳动相对收益如何，女性农民与男性农民在许多劳动与工作方面不能完全相互替代；

---

① Low A. Agricultural development in Southern Africa：farm－household economics and the food crisis[M]. London：James Currey，1986.

女性农民与男性农民在生产性资源使用权上存在差别，特别是农地使用权，在家庭劳动时间配置、购买农用生产资料决策上存在差别；女性偏爱种植粮食作物而非经济作物，即使粮食作物的收益按市场价格衡量比后者低。

利他主义理论无法为上述例子提供令人满意的解释，更促使一些经济学家寻求其他理论框架说明女性农民和男性农民的家庭内交易。相关理论框架采用了“合作”模型。

1. 交易成本

交易成本理论指在市场不存在或市场不完全时，制度可降低交换的成本。有经济学家将交易成本理论引入家庭内部，认为家庭是一个制度，家庭的存在是为了降低人们实现特定目标的交易成本，这些目标包括生存保障、再生产、抚养儿童、照顾老人等。这些目标无法在市场上有效地实现，或根本就不能在市场上实现（Benporath，1980；Pollack，1985）。① 可见，在研究个人建立家庭的动机、长期维持家庭的动机时，交易成本理论提出了很有用的见解。相比利他主义，交易成本理论是说明家庭成员间协作的另一种有用框架。过去仅出现于家庭内部的商品和劳务现在有了市场，这一观点对家庭的研究影响很大。交易成本理论市场的出现为家庭成员创造了更多的收入机会，也将他们从先前的家务中解脱出来，从而使家庭各个成员有了更多的空间来决定自己如何生活。

2. 谈判

谈判理论的出发点是每个人有自己的独立偏好。但与一个人孤立的努力相比，合作能给每个合作者带来更大的效用。孤立（或分离）常被视为一种退出或威胁，并用来与合作的结果相比较（Manser 和 Brown，1980）。② 若合作只有一种结果，就不存在谈判问题，因为两个人会由于不愿意退出而接受合作的结果。但合作可能存在许多结果，说明人们可放弃

---

① Benporath H Y. The F-connection: families, friends and firms and the organization of exchange [J]. Population and Development Review, 1980, 6(1); Pollack R A. A transaction cost approach to families and households[J]. Journal of Economic Literature, 1985(XXIII).

② Manser M, Brown M. Marriage and household decision-making: a bargaining analysis[J]. International Economic Review, 1980, 21(21).

某些结果。首先放弃的是每个人都认为最差的结果，连续放弃下去，最后剩下的是每个人都偏爱的结果。在解决多个人之间不同偏好的对立以便找到每个人同意的特定结果时，起作用的是其相对的谈判力量。谈判论意味着家庭既有合作又有对立，每个人的相对谈判力量会有变化。当一个人的退出立场本身改善时，谈判力量会明显增强。如女性就业机会使她们有了独立的收入来源，改善了她们在家庭中的地位，增强了她们影响家庭决策的能力。

3. 协作型对立

协作型对立理论扩展了家庭内的谈判研究领域(Sen，1990)。[①] 协作型对立理论提出如下观点：①个人能力表示一个人能做的事情，个人能力是个人福利的度量；②承认在感知福利和实际福利之间的重要区别，实际福利可用个别家庭成员的营养状况表示；③一个人对义务的理解和其实际幸福之间存在差别；④家庭内部的社会组织与家庭外部的社会规范和价值之间相互作用；⑤协作型对立强化了现存性别角色的趋势。协作型对立理论说明了家庭内性别不平等的后果。每个人都有自己的偏好，但这些偏好又体现了每个人对自己在家庭中的角色和义务的理解。这种理解从根本上改变了解释对立的方法，如即使一个人的实际福利因为其附属地位而受到损害，这个人也会承认现有状况下的附属地位。若一个人因谈判破裂而感受到的幸福比另一个人少很多，前者的谈判力量就会降低。Sen(1983，1990)探讨了协作型对立的许多分支。[②] 可见，利他主义理论不能解释的问题，应用协作型对立理论很容易说明。一般而言，男性比女性拥有更大的能力。在女性的理解里，自己的个人福利是与整个家庭福利不可分离地联系在一起的。从社会认知看，女性有责任从事某些家务。在这一顽固社会认知的影响下，女性外出工作的新机会反而加重了女性的劳动负担。

将市场环境与非市场环境区别开来是所有研究家庭内决策问题理论的

---

① Sen A K. Gender and cooperative conflicts[A]//Tinker，I(ed). Persistent Inequalities：women and world development[M]. New York：Oxford University Press，Time allocation studies，1990.

② Sen A K. Economics and the family[J]. Asian Development Review，1983(1)：14-26；Sen A K. Gender and cooperative conflicts[A]//Tinker，I(ed). Persistent Inequalities：women and world development[M]. New York：Oxford University Press，Time allocation studies，1990.

共同特点，也是用这些理论研究农民家庭生产的共同特点。有学者用夫妇合约概念来说明“丈夫与妻子在家庭内交换商品、收入、劳务，包括劳动的条件”。市场与非市场环境区别的界限与内容在不同农业社会之间差异很大，在同一农业社会内的不同家庭之间的差异较小。但通过观察女性在各类家庭农业制度中的作用，还是有可能识别若干不断重现的模式。有学者将女性的农业劳动分成了两组：“性别专有劳动”和“性别顺序劳动”。性别专有劳动指女性农田劳动与男性不同，她们在自己的地块上劳动，负责从播种到收割的所有季节劳动。如大部分非洲实例说明，妇女负责销售她们自己土地上的农产品，让她们真正从男性那里获得了经济自主，即女性劳作的生产率与劳动收益可独立于男性劳作而在经济学上加以分析。性别顺序劳动指女性与男性在同一块田地上劳动，但他们之间又存在季节性或任务性的劳动分工，如男性负责耕田、参与收割、销售产品；女性负责播种、喷洒农药、参与收割，但不过问产品销售。从现金收入角度看，女性的劳动绝大部分是没有报酬的，女性缺乏经济独立性，她们劳动时间长，结果是改善了家庭男性的物质福利，而不是女性或孩子的福利。

2. 3. 2　农民家庭内部关系的福利经济学研究

男性农民与女性农民在许多家庭劳动任务中的不可替代性，对农民家庭的资源利用效率、农民家庭内部收入分配研究具有重大意义。引入模型化的劳动配置约束可更好地解释这一问题。如一个女性将时间用于田间劳作的能力，在绝对意义上受限于她承担的家庭日常家务的义务。有学者在解释非洲南部农业停滞时也说明了这一现象，比较优势理论并不能说明女性配置时间问题的非市场性质（Low，1986）。①

假设女性农民对整个家务劳动负有全部责任，如从事性别专有的田间劳动，负责家庭的主要食物生产并负责养活整个家庭，但她们得不到剩余粮食销售的任何现金收入，此时女性农民的境况可用生产函数曲线来描述，如图 2-1 所示。

---

① Low A. Agricultural development in Southern Africa：farm－household economics and the food crisis[M]. London：James Currey，1986.

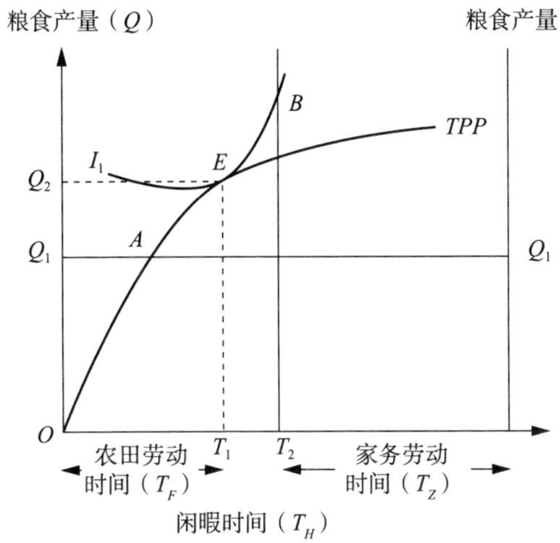

图 2-1　女性农民的时间配置

在图 2-1 中，横轴表示女性农民可利用的全部劳动时间，农田劳动时间从左向右不断增加，家务劳动时间从右向左不断增加。粮食生产函数用实物计量，用 *TPP* 曲线表示。

图 2-1 中的两个约束条件是：最低家务劳动约束即垂线 T_2，表示女性必须用于家务劳动的不可再压缩的劳动时间。最低粮食消费约束即平行线 Q_1，表示家庭生存所必需的粮食消费数量。

女性农民能选择的区间仅是生产函数上从 *A* 到 *B*，若最低消费曲线向上提高，或最低家务劳动时间向左增加，女性的选择区间就会完全消失。女性的选择区间被家庭中男性不参与家务劳动所约束。

假设女性在 *A* 与 *B* 之间的选择区间存在，女性如何决定自己在这个区间内的劳动投入？新古典理论认为取决于女性的偏好。若她偏爱额外的收入则多投入劳动，生产超过家庭需要的粮食以出售。若她偏爱“闲暇”则少投入劳动，则她需要在收入与闲暇之间加以权衡。若存在收入与闲暇的无差异曲线，则这条曲线与生产函数的切点 *E* 是她的最优选择点。在 *E* 点她为家庭生产出 Q_2-Q_1 的收入，获得 T_H 的闲暇时间。

由上述研究可知，这一研究思路放弃了家庭效用函数，而代之以女性的个人效用函数。考虑到家庭成员间的相互关系，这一做法可能引起很多疑问，并会让人不适当地强调女性选择中的个人或社会决定因素。假设男性出售剩余粮食并将收入装进自己的口袋，则意味着根据女性个人效用函数，额外收入是零，因为收入的边际效用等于零，无差异曲线也就不存在。女性的选择点将是 A，而非 E。也许是“利他主义”“夫妇合约”中的条件促使女性将农业劳动时间投入增加到 T_2（相当于生产函数的 B 点），尽管额外增加的劳动投入不能给女性带来任何个人好处。

就女性农民在生产函数的 A、B 区间内有自主权而言，她在 A、B 之间任意点上的选择，既取决于她对丈夫的利他主义程度，也取决于她在剩余产品中的份额。没有利他主义，也没有自己的份额，她将在 A 点上生产。但在农业社会中，女性几乎不可能设想自己具有新古典意义上的自由空间，社会习俗和义务支配了个人选择，女性决策并不反映边际效用标准。

图 2-1 说明的主要经济学观点是，劳动的性别分工限制了个人决定其劳动时间分配的范围，若引入劳动市场则这一限制将更加强烈。

若劳动市场存在，则市场工资代表了男性时间和女性时间的机会成本。若忽略家庭内的社会关系，粮食生产中使用的最优劳动量可用图 2-2 进行分析。

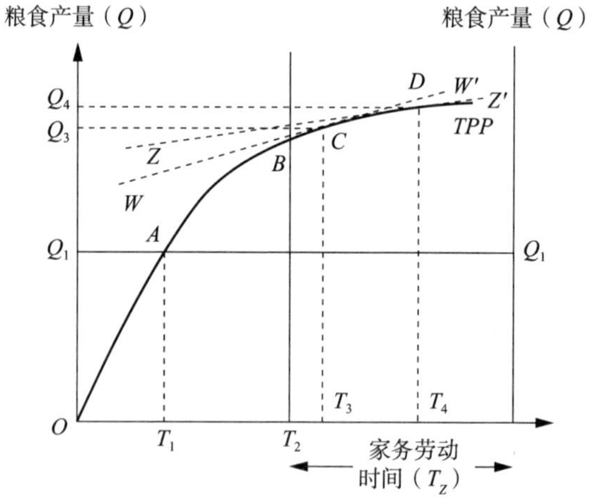

图 2-2　市场工资对女性农民的时间配置影响

图 2-2 显示了一个可能的最优点 C，它的产量是 Q_3，劳动投入是 T_3。在 C 点上，农民家庭劳动的边际产品等于劳动的市场工资。与 C 相

比，A、B 区间的所有其他点，代表的是劳动投入与产量的次优组合。因此，男性不参与家务劳动的劳动性别分工，将比家庭内部灵活调配两性劳动的情况获得的产量与收入更少。

农民家庭达到 C 点的方式有两种：男性参与家务劳动，从而让女性腾出时间从事粮食生产；男性参与粮食生产，将总的劳动投入从 T_1 提高到 T_3。粮食价格上升则新的效率点将移到 D，即工资成本曲线的斜率 w/p 将降低到 ZZ'。

粮食价格上升是否会导致产量增长，取决于下列要素：

第一，男性与女性在家务劳动上分工的刚性。

第二，男性参与粮食生产的积极程度。若男性既不愿意从事家务也不愿意从事粮食生产，粮价上升时产量也不会有任何改变或只有微小改变。若女性认为将产量提高到家庭生存水平以上对自己毫无益处，女性便可能将自己的劳动投入始终保持在 A 点上。

可见，若不将农民家庭作为整体而将农民家庭分解，则会引出更多的问题。

这一研究方式也可解释查雅诺夫模型中的家庭闲暇偏好的概念。家庭闲暇偏好不仅受家庭规模与结构的影响，而且受家庭内两性劳动分工刚性的影响。但查雅诺夫忽视了家务劳动所占用的女性时间，女性时间大量用于家务劳动，且在农业劳动中将女性的工作时间延长到难以忍受的地步时，就降低了女性对提高额外收入可感受到的效用。

在对非洲农民的研究中，有学者强调两性之间的劳动分工与现金收入分配是约束粮食生产增长的重要因素。若两性劳动分工进一步强化，男性专门从事经济作物生产，或从事非农雇佣劳动，并将家庭粮食生产及所有其他家庭杂事完全推给女性，则上述这两个约束将更加严重。

在非洲，是季节性劳动需求(不是土地资源)约束了农业产量增长。有学者采用线性规划方法研究发现两性在不同农作物生产中的劳动分工是刚性的，比起将家庭总劳动按照季节性需求灵活地配置到不同农作物生产上的情形，不同农作物的组合总产量前者要显著低于后者。这些约束条件也会导致乡村发展规划的失败，因为这些规划所依据的假设是错误的，即男性有支配土地的权利，男性愿意将自己的劳动灵活地用于粮食和经济作物生产上。

可见，分析农民家庭组织经济活动问题，需要跳出家庭效用函数与比较优势的框架，将决定家庭劳动分工与资源配置的市场与非市场因素区别开来。有时非市场的关系可视为可变资源灵活用于农业生产。因为家庭内时间配置的刚性，两性间对其他资源不平等的支配权会使家庭不能灵活地根据市场变化做出反应。此时无论女性在家庭的附属地位对女性的社会地位所产生的影响是什么，女性的附属地位都会对家庭物质生活状况造成实际的负面影响。

2.3.3 农民家庭内部关系与农业政策研究

政府的经济政策若忽视女性则会恶化女性的附属地位，降低农业经济政策对提高农业产量和农民收入的作用。但多数农业发展政策偏向于男性，人们始终将男性视为喜欢使用新的农作物、新种子，利用特殊信贷工具改善农业产出结构的人。乡村技术推广人员常常是男性，并几乎只向男性农民推广。为传统的土地权登记私人所有权时，登记的名字也是男性，即使当地的文化习惯是将土地按照女性一条线继承的。即使传统上女性在这类事情上起着重要作用，人们也要求男性开发其市场技能、建立农业合作社。农业政策偏向男性的后果，是降低女性的地位，将她们更多地孤立在家务中(而过去这些家务也许更平等地由男女两性承担)，在提高男性经济独立性的同时降低女性的经济独立性。所以，农业政策需要有意识地考虑女性，主要设想如下：

国家统计部门的数据应对女性农民生产贡献、农民家庭内任务分工、女性农民与男性农民在农业生产中的相互作用等进行准确的度量。

农业项目的设计与实施应更多地考虑女性。女性在农业生产与决策中起重要作用，农业项目需要考虑女性的作用。

只有让女性农民的现金收入来源独立于男性农民，女性农民的福利才可能有效改善。如果一个农民家庭生产率提高后的收益全部归男性所有，则对改善女性农民福利的作用较小。可创造市场中介组织，以便让女性农民集体绕过男性。

2.3.4　数字化时代农户家庭决策研究之一：新家庭经济学模型

早期研究表明，农民行为选择方式和农业家庭决策方式对生产起决定性作用。消费与生产的相互作用形成了农民特有的决策方式。

农民行为选择理论说明了农民多重目标及目标间的相互作用。利润最大化目标下可以简单预见农民的经济决策。风险规避理论修正了单一的利润最大化目标，即了解农民对不确定性的主观倾向就可以简单预见农民的经济决策。但农民在消费过程中会针对经济与社会变化而追求各种不同的目标，作出利润最大化理论无法预见的多种经济决策。现代农民行为选择理论的研究目标是说明农民行为的目标及可能的结果。

早期的农户经济理论模型起源于对农户生产和消费行为的研究，并在农户微观运行理论中提出单个农户的经济运行规律（Nakajima，1986）。[①] 传统的农户经济模型更多的是从微观上分析农户家庭的各种经济行为（瓦里安，2004；Benjamin，1992）。[②]

近期在农民行为选择和农户家庭决策模型设计方面又有了新进展。新家庭经济学源于贝克尔（Becker，1965）[③]对农户家庭内劳动配置的研究。新家庭经济学引入了家庭效用函数，表示农户家庭对物品和劳务的偏好排序。此时分析效用最大化的单位不是个人而是家庭。效用不仅可以从市场商品中获得，也可以从生产的最终消费物品中获得。家庭生产的最终消费物品也称为“使用价值产品”。

理论上，将“使用价值产品”称为 Z 产品，从市场上购买的商品称为 X 产品，生产 Z 产品需要家庭投入劳动或从市场上购买劳务，即设家庭用市场投入 X_i 和花费时间 T_i 生产 Z 产品。新家庭经济学主要研究家庭生产 Z 产品的劳动时间投入和雇佣劳动间的配置关系。家庭“使用价值产品”生产函

---

① Nakajima C. Subjective equilibrium theory of the farm household[M]. Amsterdan；New York：Elsevier，1986.

② 瓦里安．微观经济学[M]．北京：经济科学出版社，2004；Benjamin D. Household composition，labor markets，and labor demand：testing for separation in agricultural household models[J]．Econometrica，1992，60(2)．

③ Becker G S. A theory of the allocation of time[J]．Economic Journal，1965(75)．

数为：

$$Z=f(X_i,\ T_i)$$

农户家庭效用最大化的约束条件是家庭生产函数、总劳动时间和货币收入，而不是单一的预算收入。农户家庭总劳动时间约束由家庭外出从事雇佣劳动的时间 T_w 和家庭用于生产 Z 产品的时间 $\sum T_i$ 加和而得，即：

$$T = T_w + \sum T_i$$

农户家庭货币收入约束由市场工资和家庭用于雇佣劳动的时间两者之积即 wT_w 决定。均衡时农户家庭货币收入等于家庭为生产 Z 产品而从市场上购买的 x 产品的价值 $\sum p_i x_i$，即：

$$Y = wT_w = \sum p_i x_i$$

其中：p 表示 x 产品的价格。

市场工资可估计农户家庭总劳动时间的价值，即家庭时间约束和货币收入约束合并，即：

$$F = wT = w\sum T_i + \sum p_i x_i$$

其中：F 表示家庭的"完全收入"。

农户家庭的均衡条件是每两种 Z 产品的边际效用之比（边际替代率）等于其生产的边际成本比（MC_i/MC_j）。理性农户家庭的均衡点是各种投入的边际成本相等。对于劳动时间来说，理性家庭会让 MC_i 等于配置到 Z_i 生产上的边际产品与工资之比。

新家庭经济学分析最大化效用受生产函数和其他条件的约束，如图 2-3 所示。设家庭仅生产一种产品 Z，家庭效用函数仅取决于 Z 和闲暇，投入 Z 生产中的市场商品 x_i 的价格为 p。

在图 2-3 中农户家庭拥有的总时间为 T，具体分为家务劳动时间 T_Z、雇佣劳动时间 T_W 和闲暇时间 T_H。w 表示货币工资，p 表示农户家庭从市场购买商品的价格，w/p 表示实际市场工资，即时间的机会成本。OF 线表示时间投入增加时实际总收入的增长状况。OF 的斜率是 w/p，总成本曲线的斜率是要素价格与产品价格比的倒数。F 点表示家庭时间的总机会成本。通过计算总时间的工资可得：$F=wT/p$。

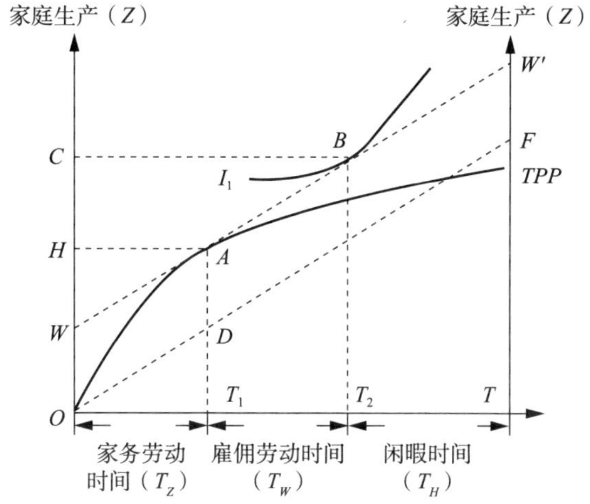

图 2-3 农民家庭生产模型

在图 2-3 中生产函数曲线表示农户家庭劳动转变为最终家庭消费产出 *Z* 的状况；无差异曲线表示在效用既定时，闲暇时间和 *Z* 产品达到这一效用水平的所有可能组合；移动的实际工资线 *WW′* 表示用市场价格计量的时间机会成本。*A* 点是农户家庭在 *Z* 生产中的均衡点，表示家务劳动的 *MPP* 等于实际工资，即 $MPP=w/p$ 或 $MVP=w$。与 *A* 点相对应的 *H* 是生产 *Z* 的总成本中家庭劳动所占的部分。*B* 点是农户家庭在 *Z* 消费中的均衡点，即闲暇和家庭生产 *Z* 的边际替代率（MU_L/MU_Z）等于闲暇的机会成本与家庭生产 *Z* 的市场价格之比（w/p）。横轴表示总时间的约束。用于市场采购的现金支出（纵轴上的 *CH* 线段）等于市场工资 *w* 与雇佣劳动时间 T_W 之积，满足了货币收入约束。

农户家庭“完全收入”是向上靠近 *W′* 的 *F*，它包括家庭生产中劳动的净产品（线段 *AD*，它是常见生产理论中的“利润”）。

农户家庭在决策时面对着许多外生变量，可探讨这些外生变量的各种不同变化带来的影响，模型将子女数量、抚育、营养、休养等纳入效用函数，也能够把许多东西引入 *Z* 产品的效用函数。

农户家庭经济学的结论如下：

（1）市场工资提高使工资成本线 *WW′* 的斜率值增大，从而降低了 *Z* 产品家庭生产的产量，提高了市场采购份额，因为家庭生产 *Z* 产品的边际成本大于采购商品的边际成本；增加了家庭"完全收入"，家庭可以在更高的无差异曲线上实现均衡；家庭有了更多闲暇的"额外时间"。

(2)工资上升或市场价格下降会引发替代效应和收入效应。纯粹的替代效应在家庭生产中表现为家庭时间更少地用于家务、更多地用于购买市场产品。纯粹的替代效应在家庭消费中表现为家庭时间更少地用于闲暇、更多地用于家务或受雇。收入效应表现为家庭有更多的闲暇时间。除非这一收入效应非常大，否则不可排除两个替代效应对受雇劳动时间的双重影响。

(3)生产某些 Z 产品时，需要大量家务劳动时间而仅需要较少市场投入(时间密集型产品)，而生产另一些 Z 产品时，需要大量市场投入而仅需要较少的家务劳动时间(收入密集型产品)。两类产品的消费组合取决于时间机会成本(市场工资)和市场投入成本(各种商品和劳务的价格)状况。市场工资上涨则收入密集型产品将替代时间密集型产品(替代效应)，但"额外时间"是用于雇佣劳动还是用于闲暇取决于并不确定的收入效应。

(4)新家庭经济学模型工资上升，尤其是女性工资上升和工作机会增多，将强有力地刺激家庭减少孩子数量，减少大量耗费时间的家务(Nakajima，1986)。①

Evenson(2001)②对新家庭经济学做了易于理解的介绍。Becker(1993)③总结了这门学科。他们的总结虽然很有帮助，但一些读者可能感到农户模型的数学逻辑难以理解。Barnum-Squire 模型最简单的版本可见 Singh 和 Strauss(1986)的研究，该模型更完全的版本见 Barnum 和 Squire(1979)、Anderson 和 Hardaker(1977)的研究。④ 这些论文或著作里也包含应用该模型的大量经验研究。Barnum-Squire 模型的变体指出市场上消费品

---

① Nakajima C. Subjective equilibrium theory of the farm household[M]. New York: Elsevier, 1986.

② Evenson R E. Economic impacts of agricultural research and extension[A]//B. Gardner and G Rausser(eds). Handbook of Agricultural Economics[Z]. 2001, I(Elsevier. Amsterdam): 573-628.

③ Becker G S. Human capital. 3rd edn[M]. The University of Chicago Press. Chicago, IL, 1993.

④ Barnum H N, L Squire. An econometric application of the theory of the farm-household[J]. Journal of Development Economics, 1979(6): 79-102; Anderson J R J L Dillon, B Hardaker. Agricultural decision analysis[M]. Iowa State University Press, Ames, IA, 1977.

短缺时，农产品的市场供给反应可能不正常。新家庭经济学对农户理论的应用做了广泛的研究。

近期的研究焦点集中在：研究农户家庭经济行为间的可分性；研究农户家庭的效用函数是整体形式还是分散形式；对农户经济模型的实证检验。

单一模型（unitary model）假设农户家庭的经济行为是整体组织行为，包含了生产和消费行为，家庭具有单一的效用函数。单一模型主要说明在预算约束条件下，农业家庭追求效用最大化行为。20 世纪 80 年代的文献开始对基本的单一模型进行修正和扩展，研究了在不同外部制度环境下的农户劳动力就业问题（Abdulai 和 Huffman，1999）。①

20 世纪 90 年代后集体模型（collective model）的分析框架逐渐被认可，并采用集体模型解释农业家庭的消费、营养摄取、劳动力供给、生育以及信贷等行为选择。有学者将博弈论引入集体模型研究，并提出了“独立地位模型”（separate spheres model），该模型说明了农户家庭成员的联合生产行为（McElroy 和 Homey，1981）。② 有学者针对非协作博弈模型的假设是，家庭内不同成员具有不同的偏好，且各成员基于自身条件进行行为选择（Bourguignon 和 Chiappori，1992；Kirn 等，1987）。③

农户经济理论研究以及对农户模型的检验方法发展较快。今后的研究可能涉及农户家庭内部成员之间的动态关系，已有的涉及家庭内部成员动态关系的研究还需要进一步加强。应发展农户经济模型的检验方法。在农户经济模型的可分与不可分上存在一定的争论，需要更为精确有效的实证检验方法对理论模型进行检验。在以往的检验中比较有代表性的有 Hausman-Taylor 估计方法，这种估计方法主要是将检验变量进行协变量转换，然后将其作为工具变量进行检验。Schultz（1990）则利用选择估计

---

① Abdulai A，W E Huffman. Structural adjustment and economic efficiency of rice fanners in Northern Ghana[A]//Economic Development and Cultural Change[Z]. forthcoming，1999.

② McElroy M B，M J Homey. Nash bargained household decisions[J]. International Economic Review，1981(22).

③ Bourguignon F，P A Chiappori. Collective models of household behavior：an introduction[J]. European Economic Review，1992(36)；Kirn C S，G Schaible J Hamilton，K Barney. Economic impacts on consumers，growers and processors resulting from mechanical tomato harvesting in California-revisited[J]. Journal of Agricultural Economics Research，1987(39).

的方法对农户家庭成员的各种经济行为进行检验，是离散选择计量模型的具体应用。这些模型都只是停留在静态和比较静态行为的检验上，对农户动态经济模型的检验还需要发展。应对政府政策和农户行为的互动关系进行研究，即将农户的微观行为研究与政策层面的宏观研究进行融合。农户内部家庭资源的配置与外部政策关系的研究重点在于资源配置和转换。

2.3.5 数字化时代农户家庭决策研究之二：Barnum-Squire 模型

Barnum-Squire 模型中农户家庭决策受家庭变量、市场变量的影响。[①]

Barnum-Squire 模型的基本假定为：农户家庭依据劳动力市场的工资来确定是否参加雇佣劳动；农户家庭可用的耕地数量保持不变；农户家庭在 Z 产品和闲暇组合间寻求效用的最大化；农户可能要出售部分农业产品以交换非农业消费品（工业品 M），农户家庭可能要在自我消费产品（C）与出售产品数量之间选择；农户家庭不考虑农业生产的不确定性和风险行为。

Barnum-Squire 模型与新家庭经济学的区别是：Barnum-Squire 模型研究的农户是“生产单位”，其生产产品可以出售，新家庭经济学里的农户产品只能用于直接消费。Barnum-Squire 模型中的生产函数表示农业产出，依据市场工资变化，农户既可以雇入劳动也可以雇出劳动。

Barnum-Squire 模型的效用函数自变量包括：用于 Z 产品生产以及闲暇的时间 T_Z、家庭自我消费的农产品 C 和购买的商品 M，效用函数可表示为：

$$U=f(T_Z,\ C,\ M)$$

农户家庭对上述三种消费的偏好受家庭规模、劳动人口和抚养人口结构的多重影响。

农户家庭的生产函数可表示为：

$$Y=f(A,\ L,\ V)$$

① 巴鲁姆和斯奎尔（Barnum 和 Squire，1979）农户模型建立的基础是新家庭经济学。

其中：A 表示耕地面积，设为常数；

L 表示农业生产总劳动投入，包括家庭自有劳动和雇入劳动；

V 表示农业生产其他可变投入要素。

Barnum-Squire 模型的效用最大化受生产函数、时间和收入约束。

时间约束条件可表示为：

$$T=T_Z+T_F+T_W$$

其中：T_Z 表示用于 Z 产品生产和闲暇（两者不再区分）的时间；

T_F 表示用于农业生产的时间；

T_W 表示雇佣劳动，可以是正数也可以是负数。若 $T_W>0$，则农户家庭总可支配时间增加；若 $T_W<0$，则农户家庭总可支配时间减少。

设家庭时间之和为 T_G，即 T_Z 与 T_F 之和为 T_G。

收入约束指农户家庭的净收入等于家庭用于市场商品购买的总支出。收入约束条件可表示为：

$$p(Q-C)+wT_w-vV=mM$$

其中：p 表示农产品价格；

Q 表示农产品产量；

$(Q-C)$ 表示农户家庭出售的农产品量；

w 表示市场工资；

wT_w 表示农户家庭收入变化；

v 表示可变投入要素 V 的价格；

m 表示商品 M 的市场价格。

Barnum-Squire 模型把时间约束与收入约束合并，可得单一的支出约束 F'，即：

$$F'=wT_Z+pC+mM=\Pi+wG$$

其中：F' 表示农户家庭扩大的“完全收入”；

wT_Z 表示农户家庭用于 Z 产品生产时间的机会成本；

pC 表示农户家庭自我消费农产品的市场价值；

mM 表示农户家庭出售购入品的价值；

Π 表示农户家庭农业净收入或利润；

wG 表示农户家庭自用时间的内在价值。

Barnum-Squire 模型的均衡条件如下：

劳动的边际产品 MVP_L 等于工资 w，而其他投入边际产品的 MVP_V 等于平均价格 v；效用函数中任何两个自变量之间(如 T_Z 与 C、T_Z 与 M、C 与 M 之间)的边际替代率等于其价格比(w/p，w/m，p/m)。

分析可知：

农户家庭将时间用在非农业劳动(T_Z)上和消费更多农产品 C 的均衡条件为 $MRST_{Z,C}=w$。农户家庭生产函数中若劳动是唯一的可变要素投入，则均衡条件为 $MPP=w/p$。

Barnum-Squire 模型的基本思路如图 2-4 所示。简化的模型可以预见工资水平或农产品价格变化给农户决策造成的影响。

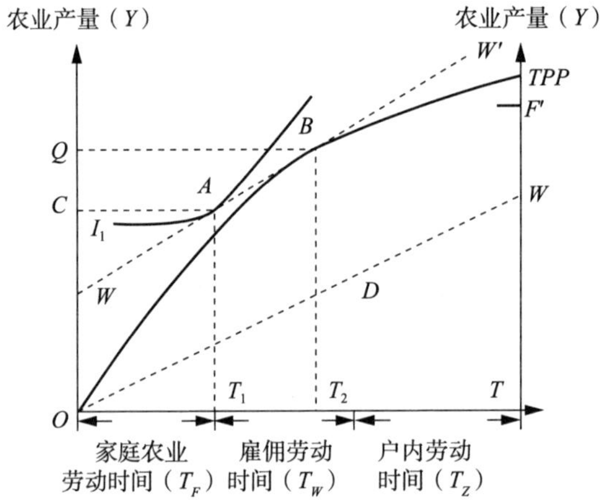

图 2-4　Barnum-Squire 模型的基本思路

在图 2-4 中横轴表示农户可以支配的总时间 T。T 包括家庭成员的农业劳动时间 T_F、雇佣劳动时间 T_W、家庭成员的户内劳动时间 T_Z；w 表示货币工资；p 表示农产品价格；w/p 表示相对市场工资即时间的机会成本。OW 表示劳动增加时总劳动成本变化，其斜率为 w/p；TPP 表示生产函数曲线；I_1 为无差异曲线，表示户内时间与家庭农产品自我消费组合的效用线；WW'是移动了的工资成本线，表示农业生产的相对工资成本；农户家庭生产均衡点在 B，消费均衡点在 A；A 点也给出了农户自我消费农产品的数量 C，可见农户家庭农产品出售量为($Q-C$)。图 2-4 没有考虑农户的市场采购行为，支出约束条件是农户销售农产品的收入 $p(Q-C)$ 等于农户雇

入劳动的支出 wT_W。若农户自我消费 C 增加则市场销售($Q-C$)减少，家庭劳动就会更多地用于农业生产 T_F，雇入劳动会更少。新增的 T_F 来自原来的 T_Z。由于家庭没有将非农业生产时间转移到农业生产上，直线 T_1A 和 T_2B 将以相同距离向右推移。

农户的“完全收入”F'用实物量表示。图 2-4 横轴上标出的各个时间范畴到直线 OW 的垂直距离，可用来定价。“完全收入”可从支出角度说明，即 $F'=wT_Z+pC$，pC 表示家庭自我消费的农产品市场价值，wT_Z 表示消费的家庭非农业劳动的时间价值。“完全收入”也可从收入角度说明，wT_Z 表示用于 Z 产品生产的时间机会成本；$F'=\Pi+wG$，Π 表示利润。即：

$$wG=wT_F+wT_Z$$

其中：wT_Z 表示非农业的家庭时间价值，在第一种方法中是消费项，在第二种方法中是“完全收入”的组成部分。

由此可见，市场工资提高则价格比率 w/p 增加，使移动了的工资成本线 WW'更陡。市场工资上升将引发家庭农业产量下降和“完全收入”相应下降，引发农业劳动时间上升和雇入劳动时间下降，引发自我消费增加而市场采购减少。

农产品市场价格上升则价格比率 w/p 减小，移动的工资成本线 WW'变得平坦，农产品价格上升将引发家庭农业产量提高和“完全收入”相应提高，进而引发家庭农业劳动时间减少和雇入劳动时间增加，引发家庭自我消费下降，而出售到市场的农产品数量增加。

在上述工资和价格变化的静态比较分析中，以农产品价格上升(价格比率 w/p 下降)为例，存在不同的替代和收入效应，即：

(1)纯粹的替代效应发生在生产中，替代效应提高了农业产量 Q，增加了用于农业生产的总劳动时间。在图 2-4 中，B 点将沿着生产函数向上移动。

(2)纯粹的替代效应发生在农产品的农户家庭自我消费中，替代效应为负，农产品价格提高使农户自我消费的农产品减少，而农户家庭会购买相对价格下降的市场产品。

(3)农产品价格提高会增加农户利润从而增加农户完全收入，农产品价格提高的收入效应可能会超过其替代效应。只要农户生产的农产品不是劣质品，收入效应就会使农户更多地消费自己生产的农产品。这一收入效应被称为农产品价格提高的“利润效应”，是指价格提高将有效地降低而非增加消费者收入（Singh 等，1986）。[①]

（4）类似的替代效应或利润效应也出现在劳动时间的消费上。w/p 的下降表示农户家庭的相对时间成本降低，农户家庭则增加雇入劳动来代替农业生产中的家庭劳动，并增加家庭“消费”的非农业时间，利润效应进一步强化了替代可能性。

（5）农产品价格上升，使农户家庭感受到消费品的相对价格下降，将消费更多的消费品而消费更少的自产农产品，消费品具有正常的收入弹性则利润效应会再次强化替代效应。

（6）引入市场购买的消费品作为农户消费的第三种选择，两种消费选择的交叉弹性取决于农户对自产产品、非农时间和外购消费品的消费偏好。

（7）若农户非农时间的偏好强则会雇入更多劳动，农业生产的现金利润收入就会减少，农户用以购买市场消费品的收入就会下降。利润效应为农民追求自己的偏好提供了更大的空间，利润效应使农户增加所有消费和雇入劳动。

Barnum-Squire 模型的生产和消费决策是相互独立的，应用研究中的生产和消费问题能够以先后次序解决（“递归”性）。首先估计生产函数，然后用生产函数求出农业产量以及由农户支配的农业净收入，再估计效用函数中三个消费项的需求函数。影响农户消费决策的变量，如工资、价格、家庭规模与结构等都包括在需求函数内。农户家庭消费决策的约束条件是农户自我消费、户内时间与市场采购的消费品的最低消费标准。利用需求函数可求得每一个外生变量的需求弹性。

根据调查资料可以研究平均农户对家庭结构变化和市场变化的反应。Barnum-Squire 模型利用马来西亚马塔河谷的农民样本，针对水稻生产进行了研究（Barnum 和 Squire，1979）。[②] 有学者研究了农业投入品价格或农产品

---

① Singh I，L Squire，J Strauss. Agricultural household models：extensions，applications and policy [M]. Baltimore，MD：Johns Hopkins Press，1986.

② Barnum H N，L Squire. An econometric application of the theory of the farm-household[J]. Journal of Development Economics，1979(2).

价格变化后的农户以及市场的反应，结论是农产品价格上升则农民对农产品的自我消费增加，利润效应能够降低农产品供给(Singh 等，1986)。①

综上所述，农户家庭成员乡—城迁移是一种理性且综合的考量，是一种基于生活、工作和家庭发展一体化推进的周密选择。

① Singh I，J Strauss. Agricultural household models：extensions，applications and policy[M]. Baltimore，MD：Johns Hopkins Press，1986.

3 数字化时代农户乡—城迁移行为的效用分析

3.1 农户家庭成员及分类

农户家庭成员可分为劳动力和非劳动力两类，按照实际生活地域又可细分为农户家庭的城市劳动力(L_{u1})、城市非劳动力(L_{u2})、农村劳动力(L_{r1})、农村非劳动力(L_{r2})四类。按照居住地可以分为迁移城市家庭成员(L_u)和留守农村家庭成员(L_r)。劳动力指可在城市或农村参加劳动并得到工资收入的家庭成员(L_1)，非劳动力指农户家庭成员中不能在城市或农村参加劳动并获得收入的成员(L_2)。设农户家庭总人数为L，则有：

$$L=L_1+L_2$$

$$L_u=L_{u1}+L_{u2}$$

$$L_r=L_{r1}+L_{r2}$$

$$L_1=L_{u1}+L_{r1}$$

$$L_2=L_{u2}+L_{r2}$$

农户家庭成员是农户迁移的重要单元，是农户家庭收入的重要来源，也是城市接纳的重要考虑对象。

3.2 农户家庭效用评估

效用(utility)是指对于人们通过消费或者享受闲暇等使自己的需求、

欲望得到满足的程度的度量。家庭效用指理性人如何把他们有限的家庭资源分配在能给他们带来最大满足的产品和服务上。

3.2.1　农户家庭效用

对于农户家庭来说，农户家庭效用包括家庭消费效用、家庭共同财产效用、社区公共产品效用、宏观政策制度效用、家庭团聚效用、社交效用、环境变化效用、技能效用等，效用大小和正负取决于农户家庭经济状况与城市接纳方式选择。其中，社交效用指农户家庭迁移前的农村社会关系的正效用，迁移到城市后离开这些社会关系的负效用，如家庭团聚心理收益与离散心理损失等的负效用、农民工在城市融入困难或被市民排斥对农户家庭乡—城迁移的负效用。环境变化效用指农户家庭迁移前享受农村新鲜空气、原生态的环境、生活水平相对均等带来的正效用，迁移到城市后自然环境差、城市工作生活压力增加的负效用。技能效用指农户家庭成员在城市务工、城市打拼、城市融入过程中获得技术技能和社交技能，增加自身人力资本带来的正效用。

农户家庭预算约束包括个体收入约束、家庭收入约束、家庭成员为获取社区公共产品收益需要的支出约束、获取宏观环境与制度性收益需要的支出约束。农户家庭成员的乡—城迁移决策是根据迁移净效用值比较的结果做出的。

3.2.2　农户家庭效用评估

1. 总效用与个体评估

设农户家庭效用函数为：

$$U=U(M,\ H,\ C,\ S,\ P_S)$$

其中：M 表示农民工个体的消费效用；

H 表示农户家庭共同财产效用；

C 表示农户家庭获得的社区公共产品效用；

S 表示农户家庭获得的宏观环境与制度效用；

P_S 表示家庭团聚的心理效用。

设在迁移投资共担与收益共享情形下，农户家庭各成员个体消费效用、家庭共同财产效用相等时效用实现最大化。[①] 即若农户家庭成员配置既定、家庭收支状况既定，则每个成员边际效用相等。

由以上分析可知，农户家庭成员间收入和消费会存在差异，但农户家庭会将总收入、总消费在成员间再分配且达到人均效用(M)相等。主要共同财产(H)包括承包耕地、宅基地和住房。承包地地租收入、农村住房租金收入也是共同财产，将在家庭成员间平均分配。城市农民工以租房居住为主，城市住房租金在契约安排下将在家庭成员间平均分摊，最终使 M 和 H 实现均等化。

设每个成员分配到的家庭总财产 H 比例为 h，家庭成员数量为 N，则有：

$$h = f(H/N)$$

农户家庭获得的宏观环境与制度效用(S)和社区公共产品效用(C)因居住地点不同而不同。

设每个居住城市的成员享受城市社区公共产品效用为 C_u，每个居住农村的成员享受农村社区公共产品效用为 C_r，每个居住城市的成员享受城市宏观环境与制度效用为 S_u，每个居住农村的成员享受农村宏观环境与制度效用为 S_r，则有：

$$S = S_u L_u + S_r L_r,\ C = C_u L_u + C_r L_r$$

2. 农户家庭迁移心理效用评估

家庭团聚的心理效用(P_S)一般用交通费用来间接衡量。假设为弥补未与家庭成员一起生活的心理损失，农民工会频繁回家，此时可以用交通费用近似表示未能与家庭成员一起生活的负效用。设迁入地与迁出地的距离为 d，单位公里的交通支出为 T，则家庭成员离散心理损失为：

$$P_S = Td$$

由此可见，农户家庭迁移心理效用与外出成员数量、工作类型、工作时间、务工地离家距离远近相关。

3.3 农户家庭收入评估

根据《中国统计年鉴》(2022)的数据，在我国农户可支配收入中，工资

① 如果家庭成员的效用水平不相等，则效用低的成员和效用高的成员会在家庭效用最大化条件下采取改变迁移投资与收益契约安排的行为。

性收入、经营性收入是重要组成部分，且是农户收入中的关键。原建档立卡劳动力的家庭中约有 42%的收入来自务工收入。财产性收入占比极其微小，甚至未超过 3%。

2016—2021 年我国农户人均可支配收入占比趋势见图 3-1。

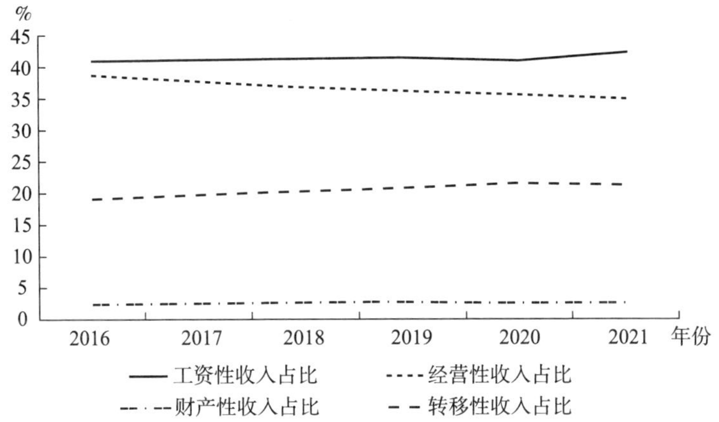

图 3-1 2016—2021 年我国农户人均可支配收入占比趋势

数据来源：国家统计局。

如图 3-1 所示，我国农户人均可支配收入中工资性收入和经营性收入占比较大，转移性收入和财产性收入占比较小。从收入结构增长的角度来看，我国农户家庭可支配收入的四个主要来源在增长速度方面差异较大（见图 3-2）。

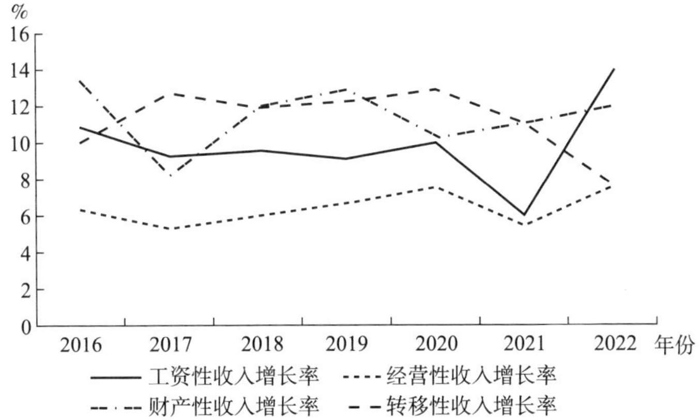

图 3-2 2016—2022 年我国农户家庭的收入来源增长率

3.3.1 农户家庭劳动力工资性收入（I_1）评估

农户家庭工资性收入指家庭就业人员通过提供劳动和服务得到的全部劳动报酬，包括所从事主要职业的工资以及从事第二职业、其他兼职和零星劳动得到的合法收入。

设农村劳动力(L_{r1})带来的工资收入是家庭全部工资性收入，农村非劳动力(L_{r2})没有工资性收入，每个成员在农村当“季节工人”等务农收入为W_r，每个农民工的城市工资收入为W_u，城市就业率为ρ，则农户家庭总工资收入为：

$$I_1=L_{r1}W_r+\rho L_{r1}W_u$$

3.3.2 家庭共同财产性收入（I_2）评估

家庭共同财产性收入，也称家庭共同资产性收入，指农户家庭通过资本、技术和管理等要素参与社会生产和生活所获得的收入，即农户家庭拥有的动产(如银行存款、有价证券)和不动产(如房屋、车辆、收藏品)等，也包括出让财产使用权所获得的利息、租金收入，财产营运所获得的红利收入、财产(包括固定资产和流动资产所得)增值收益等。

设农户家庭共同财产(包括承包耕地、农村住房租金)效用在成员中均等分配，每个成员占有份额为h，获得共同财产收入为R_H，出租概率为p，则每个成员收入为phR_H，家庭共同财产性收入I_2为$phLR_H$。

家庭共同财产性收入是家庭收入的重要组成部分。

3.3.3 社区公共产品收入和宏观环境与制度收入（I_3）评估[①]

一般认为，市民享受到的城市宏观环境与制度福利、社区公共产品收益要高于农民享受到的，即存在$C_u>C_r$、$S_u>S_r$的情形。设农村家庭和城市家庭的社区公共产品收入获得率分别为p_r、p_u，农村和城市宏观环境与制度的收入获得率分别为q_r、q_u，则农村家庭获得的社区公共产品、宏观环

① 在实证检验中，宏观环境与制度收入指标为评价类虚拟变量，家庭实际收入不计量该类收入，视同与社区公共物品供给收入一起核算在城乡福利性收入中。

境与制度收入为：

$$I_3 = p_r C_r L_{r1} + S_r q_r L_{r1} + q_u C_u L_{u2} + p_u S_u L_{u2}$$

社区公共产品收入和宏观环境与制度收入是农户无形收入的重要组成部分。

3.3.4 家庭其他收入（I_4）评估

在本书进行核算时，设工资性收入、财产性收入之外的其他收入[如所在工作城市农户家庭的养老金、失业保险金、救济金、赡养费、扶（抚）养费]为 I_4。

3.3.5 家庭总收入（I）评估

农户家庭总收入是工资性收入、财产性收入、无形收入、其他收入之和。迁移家庭短期总收入（预算约束）为：

$$I = L_{r1} W_r + \rho L_{r1} W_u + phLR_H + p_r C_r L_{r1} + S_r q_r L_{r1} + q_u C_u L_{u2} + p_u S_u L_{u2} + I_4$$

3.4 农户家庭总支出评估

3.4.1 家庭总消费支出（C_1）评估

设农户家庭每个成员对城市产品、农村产品的消费数量分别为 μ_u、μ_r，城市务工或居住成员消费城市产品价格为 p_{1u}，农村成员消费农村产品价格为 p_{1r}，则家庭总消费支出为：

$$C_1 = p_{1u} L_u \mu_u + L_r p_{1r} \mu_r$$

3.4.2 家庭共同财产性支出（C_2）评估

家庭共同财产性支出主要是农户家庭成员在城市务工时的居住支出。设每个成员的城市租房金额为 P_1、每个成员人均租房面积为 h_1，则农户家庭共同财产性支出为：

$$C_2 = L_u P_1 h_1$$

3.4.3 家庭大额支出（C_3）评估

农户家庭成员在城市务工时的家庭大额支出包括医疗、养老、子女教育支出。研究中设这一支出分摊到每个家庭成员的消费支出中。①

3.4.4 社区公共产品供给和宏观环境与制度供给购买支出（C_4）评估

社区公共产品供给和宏观环境与制度供给具有正效用。农户家庭成员在农村不受歧视，可以无偿获得相关正效用。但城市对农户家庭的歧视需要通过支付成本（C_u）才能消除，如提高子女在城市受教育年限，增加成员职业技能培训，加入城市医保、养老保险等服务保障体系等。

本书在评估时采用间接评估方法，即采用城乡相关收益差额来近似评估，则购买的总成本为：

$$C_4=S_uL_u+C_uL_u-C_u$$

3.4.5 家庭团聚支出（C_5）评估

设家庭团聚支出为家庭成员往返城乡的交通费用支出和生活费用支出，即：

$$C_5=Td$$

3.4.6 家庭其他支出（C_6）评估

设农户家庭其他支出为 C_6。

3.4.7 农户家庭总支出（C）评估

农户家庭短期迁移总支出为：

$$C=p_{1u}L_u\mu_u+L_rp_{1r}\mu_r+L_uP_1h_1+S_uL_u+C_uL_u-C_u+Td+C_6$$

---

① 在实证检验中，将养老支出作为家庭成员消费支出的一部分在家庭成员消费支出中衡量，医疗支出和教育支出单独计量。农户家庭成员的信息获取和通信支出也被核算在日常消费支出中，但在实证检验中，通信支出单独计量。

3.5 农户家庭效用最大化及求解

理论上，农户家庭迁移实现家庭效用最大化的条件为：

$$U_{max}=U(M,\ H,\ C,\ S,\ P_S)$$

$$S\cdot T\cdot I\geqslant E$$

$$L_1\geqslant L_{1u}$$

$$L_2\geqslant L_{2u}$$

这只是理论分析，采用具体数据才能求解。

Logistic 模型是一个概率函数，用来评估因变量(Y)发生的概率(P)受自变量(X_i)影响的程度，该模型的方程为：

$$P=g(Y)=g(\alpha+\beta X_i)=\frac{1}{1+e^{-Y}}=\frac{1}{1+e^{-(\alpha+\beta X_i)}}\quad i=1,\ 2,\ \cdots,\ n$$

引入 $g(Y)$ 的 Logistic 模型变换，得出 $f(P)$ 与 X_i 的线性关系，即：

$$f(P)=\ln\frac{g(Y)}{1-g(Y)}=\alpha+\beta X_i$$

在本书中，Logistic 模型主要用于分析影响农户乡—城迁移行为各阶段因素的重要程度，将农户家庭由一种状态向另一种状态转换(或一个阶段向下一个阶段转换)设为因变量(Y)，将研究选定的可能影响因素设为自变量(X_i)，评估自变量(X_i)对因变量(Y)变化的影响程度，代入上式从而为每个农户乡—城迁移行为阶段的城市接纳方式奠定实证研究基础。

设因变量(Y)发生的概率(P)由 n 个自变量(X_i)决定，由此可得农户乡—城迁移行为各阶段的 Logistic 回归模型，即：

$$f(P)=\alpha+\beta_1X_1+\beta_2X_2+\cdots+\beta_nX_n$$

3.6 基于效用最大化的农户家庭迁移决策分析

农户家庭劳动力迁移决策可以分为三种情况：劳动力留守农村、劳动力外出务工而非劳动力留守农村、劳动力外出务工而非劳动力随迁。以上三种决策呈“链式迁移”状态。可能出现三种迁移行为：不迁移或回流，部分迁移、部分留守农村，全部迁移城市。

3.6.1 农户家庭劳动力迁移决策分析

依据效用最大化决策原则可知：

当农户家庭劳动力在城市的边际收益为负，而在农村的边际收益为正时，则选择家庭劳动力“不迁移或回流”。

当农户家庭劳动力在城市的边际收益为正，在农村的边际收益也为正，但在城市务工的边际收益大于在农村务工的边际收益时，或当劳动力在农村的边际收益与在城市的边际收益相等时，考虑存在迁移成本，则可能选择“部分迁移、部分留守”。

当农户家庭劳动力在城市的边际收益为正，且大于在农村的边际收益时；或劳动力在城市的边际收益小于零，但仍大于在农村的边际收益时，则劳动力选择“全部迁移”。由于农户家庭一次性迁移成本较高，选择一次性“全部迁移”时还要考虑其他因素。

3.6.2 农户家庭非劳动力迁移决策分析

依据效用最大化的决策原则可知：

当农户家庭非劳动力在农村的边际收益为正，而在城市的边际收益为负时，考虑迁移成本，非劳动力的选择是“不迁移或回流”。

当农户家庭非劳动力在城市的边际收益为正，在农村的边际收益也为正，但在城市务工的边际收益大于在农村务工时；或非劳动力在农村边际收益与城市边际收益相等时，考虑迁移成本，农户家庭非劳动力的选择可能是“部分迁移、部分留守”。

当农户家庭非劳动力在城市的边际收益为正，且大于在农村的边际收益时；或非劳动力在城市的边际收益小于零，但大于在农村的边际收益时，农户家庭非劳动力选择“全部迁移”。

3.6.3 农户家庭迁移决策选择

依据劳动力、非劳动力迁移决策选择，不同阶段决策的最优解组合如表3-1所示。

表 3-1 农户乡—城迁移行为决策最优组合

序号	决策组合状态描述
1	全部农户家庭成员不迁移或回流，表现为家庭成员选择在农村务农
2	家庭劳动力选择不迁移、非劳动力选择部分迁移或全部迁移，表现为家庭有子女先于劳动力到城市求学而非务工
3	家庭劳动力部分迁移，非劳动力不迁移，表现为家庭劳动力成为农民工
4	家庭劳动力和非劳动力部分迁移，表现为农民工带动部分非劳动力入城
5	家庭部分劳动力迁移，全部非劳动力迁移，表现为城市劳动力足以带动全部非劳动力迁移，这说明家庭农村务农收入在家庭总收入中所占比重依然较大，家庭成员大部分迁移而小部分务农
6	家庭劳动力全部迁移，非劳动力不迁移或部分迁移，表现为家庭劳动力全部进城务工并携带部分老人或儿童入城，或是老人或儿童留守
7	农户家庭举家迁移

分析方法在理论上是相同的，但针对不同阶段数据的具体研究会得出不同的结论。

3.7 影响农户乡—城迁移行为的决策因素分析

3.7.1 静态因素分析

农户家庭迁移行为静态影响因素包括个体特征、家庭特征、宏观环境与制度和社区。分析城市接纳方式对“链式迁移”决策的影响，需要分析上述因素对迁移决策的影响程度，促进农户家庭迁移各“链”上的关键因素，为对策建议、政策设计提供依据。

本书的基本思路为：先从理论上分析各种影响因素构成和影响方向，然后采用调研的实际数据说明各种因素在各“链”上的影响程度。

迁移决策影响因素主要有农民工的边际收益、农村务农成员的边际收益、非劳动力在城市的边际收益、非劳动力在城市的边际成本。农村边际收益是迁移行为的机会成本。上述因素的影响程度和方向需要在不同状态、不同阶段进行分类研究。

1. 城乡工资性收入因素

城乡工资性收入因素对迁移有促进作用，影响方向为正。工资性收入因素包括城乡工资水平、城市就业率、机会成本。工资性收入取决于家庭劳动力的性别、年龄、能力、经验、学历等。家庭迁移决策要考虑迁移成本、城市生活成本、共同财产性支出、社会福利购买支出的影响，迁移家庭的城市工资性收入一般会超过迁移成本和城市生活成本。劳动力的风险偏好会影响工资性收入因素对劳动力迁移决策的作用程度，“风险厌恶者”迁移概率较低，“风险爱好者”迁移概率较高。从规避农业生产风险方面考虑，家庭会将劳动力配置于城、乡两个劳动力市场来实现多元化的收入，以减少家庭对农业生产性收入的依赖（杨云彦、石智雷，2008）。① 劳动力成员相对于非劳动力成员更容易越过迁移障碍。非劳动力在城市没有工资性收入，则城市生活成本对迁移决策影响更大。

2. 家庭成员个体消费因素

家庭成员个体消费因素包括家庭总消费量、城市消费品价格、农村消费品价格、成员间消费品分配比例。家庭总消费量受家庭总收入水平影响，是家庭成员在契约安排下的效用均等配置。城市消费价格对家庭成员迁移决策有负向作用，农村消费价格对家庭成员迁移决策有正向作用。一般认为，城市消费价格高于农村消费价格，农民工多选择将收入寄回农村进行消费。②

3. 城乡家庭共同财产收支因素

城乡家庭共同财产收支因素包括家庭农村共同财产出租概率、农村财产租金率、城市住房租金率、家庭共同财产分配比例、家庭共同财产总量、城市居住总面积等。家庭农村共同财产出租概率由农村资产市场决定，家庭共同财产分配比例在家庭成员契约安排下达到效用均等配置，城市住房租金率由农户家庭所在区域及人口总量决定，家庭共同财产总量对

① Oded Stark. The migration of labor［M］. Cambridge：Basil Blackwell，1991. 转引自杨云彦，石智雷．家庭禀赋对农民外出务工行为的影响［J］. 中国人口科学，2008(5).

② 根据中国农业银行总行信息部提供的 1993 年对 28 个省份、12673 个农户的统计数据，有 95%以上的农村外出打工劳动力是往家里寄钱的，汇款数额占务工收入的 30%以上。

家庭成员的迁移决策有正向作用。城市住房租金率、居住总面积对迁移决策有负向作用。

4. 社区和宏观环境与制度因素

社区和宏观环境与制度因素包括城乡收益差距、收益获得率、收益支出成本、城市社区收益及为此支付的成本。农村宏观环境与制度收益对家庭成员迁移决策有正向作用(林燕、张忠根，2010)。① 在数字化时代，不少生产制造型企业在实施数字化转型的过程中，对简单体力劳动的用工需求日益减少，对技能型用工的需求迅速攀升，使得那些缺乏相关技能的大量农民工群体面临选择空间被不断压缩的境地，也导致制造型企业用工难、招工难和求职者就业难并存的结构性矛盾日益凸显，农户家庭乡—城迁移存在技能上的制约。

5. 家庭团聚支出因素

迁移距离、单位距离交通费用对家庭成员迁移决策有负向影响。

3.7.2 动态因素分析

1.“门槛”理论

现实中，农户乡—城迁移行为是动态的决策过程，引入工作搜寻模型(job search model)可分析长期农户乡—城迁移行为的动态决策问题。工作搜寻模型可分析就业经济行为与就业心理因素之间的关系，代表人物是Stigler(1961)、Vinokur 等(2002)、Saks 和 Ashforth(2002)。② 实证研究认为，工作搜索动机、自我效能感、环境等因素影响了就业数量和质量

① 林燕，张忠根．孤身外出还是举家迁移？[A]//2010 年(第十届)中国制度经济学年会论文集[C].

② Stigler. The economics of information[J]. Journal of Political Economy, 1961, 69(3); Vinokur A D, Schul Y. The web of coping resources and pathways to reemployment following a job loss[J]. Journal of Occupational Health Psychology, 2002, 7(1); Saks A M , Ashforth B E. Is job search related to employment quality? It all depends on fit[J]. Journal of Applied Psychology, 2002, 87(4).

（Barber 等，1994；Saks 和 Ashforth，2000；时金献、侯德娟，2007）。①

农户家庭有迁移意愿（或动机），也不一定产生真正的迁移行为。迁移行为的发生还需要跨越经济成本的“门槛”（黄锟，2011）。② 用“门槛”理论可以解释农户乡—城迁移行为各个阶段的转换问题。城镇化过程中的人口市民化、农村人口向城市迁移都需要跨越“门槛”。“门槛”理论是评估农户乡—城迁移行为可能性的有效方法。

农户乡—城迁移行为的各个阶段都会面临各种阻碍。本书定义这种阻碍为各阶段间转化的“门槛”，包括经济门槛（经济约束、经济成本与收入比较）和非经济门槛（法律法规与政策性约束）。非经济门槛说明农户家庭在就业、生活条件等方面被歧视的程度。歧视会降低就业率、减少家庭工资性收入，增加“链式迁移”各阶段转换的经济成本。

本书定义的“门槛”是农户乡—城迁移行为过程中需要支付的最低成本，在具体计算中采用经济成本，但暂时没有考虑机会成本。

农户乡—城迁移门槛的评估方程为：

$$C_{mk}(0)=\int_{0}^{n}[C_{u}(t)+C_{iu}(t)]e^{-r(t)}dt$$

其中：C_{mk}表示农户乡—城迁移行为需要跨越的门槛（最小成本）；

$C_{mk}(0)$表示农户乡—城迁移行为实际成本的贴现值；

$C_{u}(t)$表示第 t 阶段一般经济成本；

$C_{iu}(t)$表示第 t 阶段一般非经济成本。

通过分析可知，农户乡—城迁移行为各阶段跨越门槛的方程为：

$$R_{mk}(0)=\int_{-n}^{0}\{[P_{mk}(t-1)W_{mk}(t-1)]+W'_{mk}(t-1)\}e^{-r(-t)}d(t-1)$$

其中：$R_{mk}(0)$表示农户家庭前一阶段，即第（$t-1$）阶段的实际收入的贴现值；

$P_{mk}(t-1)$表示农户家庭前一阶段，即第（$t-1$）阶段的实际就业率；

---

① Barber A E，Daly C L，Giannantonio C M，et al. Job search activities：An examination of changes over time[J]. Personnel Psychology，1994（47）；Saks A M，Ashforth B E. Change in job search behaviors and employment outcomes[J]. Journal of Vocational Behavior，2000（56）；时金献，侯德娟．工作搜索行为研究的回顾和展望[J]．河南大学学报，2007（1）．

② 黄锟．中国农民工市民化制度分析[M]．北京：中国人民大学出版社，2011．

$W_{mk}(t-1)$表示农户家庭前一阶段，即第$(t-1)$阶段的实际工资性收入；

$W'_{mk}(t-1)$表示农户家庭前一阶段，即第$(t-1)$阶段的实际非工资性收入和无形收入。

与跨越门槛对应的概念是农户乡—城迁移行为各阶段跨越门槛的能力或迁移的经济承受力，经济承受力影响了迁移决策。

农户乡—城迁移行为各阶段门槛与迁移数量的关系如图 3-3 所示。

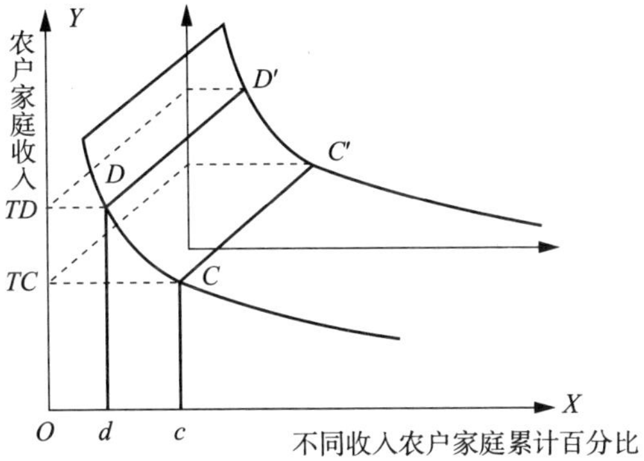

图 3-3 农户家庭迁移的最低门槛

图 3-3 中，Y 表示农户家庭收入；X 表示不同收入农户家庭累计百分比；CD 和 $C'D'$分别表示不同收入农户家庭累计分布线；TC 和 TD 分别表示两个阶段消费水平差异；CC'和 DD'分别表示农户家庭不同阶段的最低经济门槛分布线；c 和 d 表示跨越门槛并转换为下一个阶段农户家庭的比例区间。

由图 3-3 可知，农户乡—城迁移行为各个阶段门槛越高，进入下一阶段的农户家庭数量越少。农户家庭的经济承受能力越强，进入下一阶段的农户家庭数量越多。

本书为评估方便，仅限于讨论经济门槛，即 $R_{mk}(0)>C_{mk}(0)$ 是农户乡—城迁移行为各阶段跨越门槛进入下一个阶段的条件。

设 $E(0)$ 表示农户乡—城迁移行为跨越各阶段的能力，则有：

$$E(0)=R_{mk}(0)-C_{mk}(0)$$

$$E(0)=\int_{-n}^{0}\{[P_{mk}(t-1)W_{mk}(t-1)]+W'_{mk}(t-1)\}e^{-r(-t)}d(t-1)-$$

$$\int_{0}^{n}[C_u(t) + C_{iu}(t)]e^{-r(t)}dt$$

当$E(0)>0$时，农户乡—城迁移行为才能从上一个阶段进入下一个阶段，即：

$$\int_{-n}^{0}\{[P_{mk}(t-1)W_{mk}(t-1)] + W'_{mk}(t-1)\}e^{-r(-t)}d(t-1) >$$
$$\int_{0}^{n}[C_u(t) + C_{iu}(t)]e^{-r(t)}dt$$

2. 长期农户家庭迁移决策最优组合

长期农户家庭迁移决策最优组合如表3-2所示。

表3-2　长期农户家庭迁移决策最优组合状态

序号	决策组合状态描述
1	全部农户家庭成员不迁移
2	家庭非劳动力不迁移，部分劳动力迁移
3	家庭部分非劳动力和部分劳动力迁入城市
4	部分家庭劳动力迁移，城市劳动力有能力带动非劳动力迁移
5	家庭劳动力全部迁移，非劳动力迁移行为不确定
6	考虑城市生活能力和家庭在农村的财富积累，实现一次性举家迁移
7	农户家庭选择迁移

3.8　小结

农户家庭效用包括总消费效用、共同家庭财产效用、公共产品效用、宏观环境与制度资源效用、家庭团聚与家庭离散心理效用等，这些效用取决于农户家庭经济状态与城市接纳方式。农户家庭成员的乡—城迁移决策是家庭成员净效用值的比较结果。

农户家庭收入包括城市工资性收入、共同财产性收入、社区和宏观环境与制度收益、其他收入。迁移可以使短期家庭总收入发生变化，总收入取决于农户家庭经济状态与城市接纳方式。农户家庭成员的决策是根据净收入的比较做出的。

农户家庭劳动力迁移决策可以分为三种情况：劳动力外出务工而非劳动力留守农村；劳动力外出务工而部分非劳动力随迁；劳动力外出务工而全体非劳动力随迁，即呈现“链式迁移”状态。随之出现三种迁移行为：不迁移或回流；部分迁移、部分家庭留守；全部迁移。

影响农户家庭劳动力迁移决策的静态因素包括农民工的边际收益、农村务农成员的边际收益、非劳动力在城市的边际收益、非劳动力在城市的边际成本。农村边际收益是迁移行为的机会成本。

影响农户家庭劳动力迁移决策的动态因素包括：农户乡—城迁移行为的各个阶段都会面临的各种阻碍；经济成本的“门槛”，包括经济门槛（经济约束、经济成本与收入比较）和非经济门槛（法律法规与政策性约束）。农户乡—城迁移行为各个阶段门槛越高，进入下一阶段的农户家庭数量越少；农户家庭的经济承受能力越强，进入下一阶段的农户家庭数量越多。

4 数字化时代农户乡—城迁移行为的成本—收益分析

农户乡—城迁移行为过程引发的收入和成本变化是影响迁移决策与迁移方式选择的重要因素。第 3 章已经对迁移效用进行了分析，本章将从理论上说明农户乡—城迁移行为不同阶段的收入(收益)、成本测度方法。

4.1 数字化时代农户乡—城迁移行为收入与收入构成分析

从宏观层面看，目前，建设全国统一大市场的步伐正在不断加快，劳动力要素的自由流动正在成为拓展经济社会发展空间、营造创新发展环境的必要前提。同时，随着我国人口进入老龄化和少子化时期，劳动力越发具有稀缺性，各地对劳动力和人才的竞争将成为地方经济发展的标配。人口老龄化加剧，出生率创新低，意味着未来工作的人将越来越少，需要养老的人越来越多。在这样的环境下，劳动力要素将与城市发展直接挂钩，对城市发展产生实际后果。在此背景下，农民工乃至农户家庭市民化不仅有利于人口迁入城市，促进我国居民消费和投资增长，促进“国内大循环”，还可以为城市的持续发展提供丰富的劳动力，具有较好的社会效益和经济效益。仅把进城的 1.8 亿农民工的消费意愿释放出来，消费收益就在 2 万亿元以上。

在数字化时代人口负增长的背景下，农民工乃至农户家庭的城乡迁移是大势所趋，既符合时代发展的特点，又可以促进区域经济的内循环。

从微观层面看，农户乡—城迁移行为不同阶段获得的收益有所差异，但总体包括一般性收益和制度性收益。[①] 一般性收益包括工资性收入、就业待遇、社会保障、社会福利等。制度性收益指心理层面的收益，如农户家庭在城市有住房则可以全家团聚；若进入城市获得市民身份则可以相对减少城市排斥，也具有心理上的归属感和荣誉感等。一般性收益可分为工资性收入和非工资性收入，享受与市民一样的工资标准，均等的就业机会、培训机会、带薪休假机会，享受住房公积金、养老保险、失业保险、医疗保险等。

农户乡—城迁移行为的收益方程可表示为：

$$R=R_u+R_i$$

$$R_u=W+W'$$

其中：R 表示农户乡—城迁移行为的预期总收益；

R_u 表示农户乡—城迁移行为的一般性收益；

R_i 表示农户乡—城迁移行为的制度性收益；

W 表示农户乡—城迁移行为各阶段的工资性收入；

W'表示农户乡—城迁移行为各阶段的非工资性收入。

将上述公式变换成贴现方程形式，有：

$$R(0)=\int_0^n[W(t)+W'(t)+R_i(t)]\mathrm{e}^{-rt}\mathrm{d}t$$

其中：$R(0)$表示农户乡—城迁移行为总预期收益的贴现值。

4.1.1　经济收入

经济收入主要包括农户工资性收入、经营性收入、社会福利性收入、企业福利性收入、城市社会保障性收入等。工资性收入是农户家庭收入的主要来源，是农民工在城市取得的实际现金收入。当前农户家庭需要支付迁移成本才能获得城市其他福利性收入。农民工从事城市经营活动可取得经营性收入，当前经营性收入占农户家庭总收入的比重逐渐提高。社会福

① 农户乡—城迁移行为的收益包括给城市带来的收益、给农户家庭带来的收益。由于本书的研究对象是农户家庭，所以此处解释的是农户家庭的收益。

利性收入是农民工享受企业福利、社会保险和社会福利的收入。企业福利性收入一般包括住房补贴、卫生保健补助、职工教育和培训、交通补助、餐费补助、子女教育福利等。城市社会保障性收入(或社会福利)一般包括城市公共服务体系的各类补贴、福利和社会保险，一般为医疗保险、养老保险、工伤保险、失业保险等“五险一金”(王婷，2012；范晓非等，2013)。①

农户乡—城迁移行为过程结束前，若农村仍有家庭成员，则在农村的帮工收入、农村社区和农村宏观环境与制度性收益、农村福利性收入、家庭财产出租租金也纳入家庭总收入范畴。

4.1.2 非经济收入

非经济收入一般以农户家庭成员在城市生活的福利性收入近似测度。一般认为其他非经济收入在迁移决策中的作用不明显，对迁移决策的影响相对较小。

非经济收入包括技能性收入和文化性收入。

技能性收入指在城市务工期间，农民工参加岗位培训获得的技能收益，以及管理能力提高对人力资本提升的收益。农民工技能和经验提升后可以获得更好的岗位和更高的收入。农民工也可以凭借经验、人脉关系返乡创业。技能性收入可带来更高的工资性收入，增加的收入可以近似地测度技能性收入。

文化性收入指农户家庭成员在城市务工享受到的城市环境、城市文化、城市健康设施，以及便利的城市消费、家庭在城市的心理满足等无形收入。农民工在城市生活形成的思维方式、审美情操及现代生活方式，有助于其文化水平、卫生习惯和民主意识的提高。

---

① 王婷. 新生代农民工融入城市影响因素分析[D]. 北京：首都经济贸易大学，2012；范晓非，王千，高铁梅. 预期城乡收入差距及其对我国农村劳动力转移的影响[J]. 数量经济技术经济研究，2013(7).

4.2 农户乡—城迁移行为的收入变化测度

本书认为，经济收入可以直接测度，其决定了家庭迁移选择。

4.2.1 农户乡—城迁移行为收入变化的理论分析

1. 可测度收入

根据第3章中的收入理论模型，农户家庭短期迁移收入方程为：

$$I=L_{r1}W_r+\rho L_{r1}W_u+phLR_H+p_rC_rL_{r1}+S_rq_rL_{r1}+q_uC_uL_{u2}+p_uS_uL_{u2}+I_4$$

其中：L_{r1}表示农村劳动力；

L_{u2}表示城市非劳动力；

W_r 表示平均每个成员在农村务农的工资收入；

W_u 表示平均每个成员在城市务工的工资收入；

ρ 表示城市就业率；

h 表示每个成员占有的家庭资产份额；

R_H 表示农村家庭资产获得的租金(由农村地租和房租市场决定)；

p 表示农村家庭资产出租的概率；

phR_H 表示每个成员的收入；

$phLR_H$ 表示家庭共同公共财产收入；

p_r、p_u 分别表示农村和城市家庭成员获得社区公共产品的概率；

q_r、q_u 分别表示农村和城市宏观环境与制度性收入获得的概率；

C_u 表示每个城市成员享受的社区公共产品收入；

S_u 表示每个城市成员享受的宏观环境与制度性收入；

I_4 表示农户家庭其他收入；

C_r 表示每个留守成员享受的农村社区公共产品收入；

S_r 表示每个留守成员享受的农村宏观环境与制度性收入；

$p_rC_rL_{r1}+S_rq_rL_{r1}+q_uC_uL_{u2}+p_uS_uL_{u2}$表示农户家庭获得的社区公共产品、宏观环境与制度性收入。

上述影响迁移收入变化的因素中包括收入获得率，如城市就业率(ρ)、农村家庭资产收入获得率(p)、城市社区福利获得率(q_r、q_u)等，而上述因素与城市接纳方式密切相关。若认为短期内工资收入水平不会下降，但获得工资收入的概率增加，也会对迁移决策有正向影响。农户家庭未迁移成员在农村务农或务工的工资性收入和福利性收入是获取迁移收入的机会成本。

2. 不可测度收入

农户在乡—城迁移中的心理收入、威望收入、机会收入难以测算，故本书在计算时忽略不可测度收入。

4.2.2 依据调研数据的农户家庭的收入变化测度结果

依据调研数据，可计算出中国(2019 年)、武汉市(2020 年)不同类型农户家庭的收入变化情况。

农户乡—城迁移行为过程中年均总收入在各类家庭中存在差异。纯农村家庭年均总收入最低，为 33878.82 元；融入城市农户家庭年均总收入最高，为 112323.20 元。这说明农民工在城市务工提升了家庭年均总收入。家庭年均总收入随农民工数量的增加而增加。

依据农户乡—城迁移行为的顺序，从纯农村家庭开始到融入城市农户家庭的年均总收入呈增长状态。

半迁移农户家庭与举家迁移未定居农户家庭年均总收入变化幅度较小。举家迁移定居农户家庭、融入城市农户家庭年均总收入较高，变化幅度较小，此时的差异主要表现在能否在文化、心理、生活习惯等方面适应。

4.3 农户乡—城迁移行为的成本构成分析

农户乡—城迁移行为的成本可用货币衡量，划分为经济成本和非经济成本。农民工乃至农户家庭市民化不仅能够促进我国居民消费和投资增长，还可以为城市的持续发展提供丰富的劳动力，具有较好的社会效益和经济效益。

从城市角度看，2020 年一项针对东部地区大中城市落户情况的调研显示，平均一个农民工（外来人口）进城落户成为市民需要增加政府支出 11 万元左右。其中，公共服务养老保险的财政补贴是最大支出，占比为 35%~45%，边际收益成本递减；随迁子女义务教育和保障性住房其次，占比为 1/3；其余包括城市管理费用、医疗保险等，占比为 10%~20%（高原等，2023）。①

本书设经济成本是迁移过程中发生的直接经济成本，即迁移过程中要支出的所有费用，非经济成本是迁移过程的心理成本、风险成本等（杜书云，2007）。②

4.3.1 经济成本

家庭迁移的直接经济成本指迁移到城市的直接费用，包括生活成本和流动成本。

生活成本指在城市生活的费用，主要包括住房、食品、生活必需品、医疗等费用，是维持城市务工生活的最基本费用。不迁移的家庭成员在农村生活的成本也将计算在内。一般认为，农户家庭在农村生活成本低。农户家庭为获得持续稳定的工资收入，需要支付就业培训费用，如就业中介费用、签订合同费用、保证金、抵押金，办理暂住证、健康证、就业许可证等费用，都要计入生活成本。

流动成本指城乡流动产生的经济支出，包括城乡来往交通费用及其他费用。流动成本数量与农户家庭及成员的迁出地与迁入地之间距离成正比。若一次性举家迁移不回到原地，则流动成本是一次性迁移成本。本书设留守家庭成员的流动成本和机会成本为零。

4.3.2 非经济成本

非经济成本指迁移行为产生的心理成本和风险成本等。

心理成本是家庭成员离开原居住地生活，工作环境发生变化的心理成

---

① 高原，高晨曦，赵凯．宅基地退出对农户家庭消费的影响——基于家庭人口结构的调节作用[J]．南京农业大学学报（社会科学版），2023，23(4)．

② 杜书云．农村劳动力转移就业成本—收益问题研究[M]．北京：经济科学出版社，2007.

本。第3章中将家庭团聚心理成本简单货币化为交通费用，但团聚心理成本不能完全用交通费用测度，特别是留守妇女、儿童、老人无人照顾，子女失学得不到家庭和学校教育等，也是重要的非经济成本(蓝威、彭本利，2011；张枫逸，2011；余学等，2014)。[①] 农民工在城市还要面对陌生环境，克服生活困难、生活压力的心理负担，从事收入低、环境差、风险高的工作，追讨工资等也应计入心理成本。

数字化时代，农户迁移的风险成本是农户家庭及成员迁移过程中的失业、健康、子女教育、资产处置等额外成本(简新华、黄锟，2008)。[②] 失业风险成本是就业不稳定、面对解雇带来的成本。农民工多受雇于工业、建筑业、服务业等行业，且多为私营企业和个体工商户，由于农民工与企业之间签订的劳动合同不规范，拖欠工资等风险较大。[③] 此外，农民工从事高风险工作，容易因疲劳导致工伤，容易患上职业病或传染病等。[④] 存在大量的中老年农民工。[⑤] 存在不能完全获得与市民相同的城市制度供给，不能完全享受公共服务、社会保障的风险。由于在农村土地流转中，外来流转主体经济实力强、投资规模大，农户家庭在价格谈判中处于弱势地位，商定出租价格时存在不合理的现象。农村自建房屋市场不健全使农户家庭迁移后要面对农村资产处置风险。

农户乡—城"链式迁移"行为会产生多种成本。[⑥] 农户乡—城迁移行为不同阶段的成本有所差异，但总体上包括一般性成本和制度性成本。一般

---

① 蓝威，彭本利．论我国农村留守儿童教育公平的现状及原因分析[J]．玉林师范学院学报，2011(2)；张枫逸．老有所依，不能靠"劳有所依"[J]．人民政坛，2011(8)；余学，戴秀英，李秋丽等．宁夏农村留守儿童行为问题影响因素的Logistic回归分析[J]．中国健康心理学杂志，2014(6)．

② 简新华，黄锟．中国工业化和城市化过程中的农民工问题研究[M]．北京：人民出版社，2008.

③ 2016年1月20日，国务院办公厅出台了《国务院办公厅关于全面治理拖欠农民工工资问题的意见》，可见当时拖欠农民工工资是普遍现象。

④ 《中国尘肺农民工生存状况调查报告(2014)》的数据显示，尘肺病农民工估计数量在600万人，主要从事矿山、路桥隧道、冶炼行业，尘肺病死亡率为22.04%。

⑤ 2015年4月29日，国家统计局公布了《2014年全国农民工监测调查报告》。报告显示，在2.73亿农民工里，50岁以上的占到了17%。媒体将50岁以上的农民工称为"高龄农民工"，其中建筑业是高龄农民工存在较多的行业。

⑥ 农户乡—城迁移行为的成本包括给城市带来的成本、给农户家庭带来的成本。由于本书的研究对象是农户家庭，所以此处解释的是农户家庭的成本。

性成本指农户家庭迁移行为带来的生活方式、消费方式、居住环境变化的成本，包括基本生活支出、文化娱乐支出、住(租)房支出等。制度性成本包括直接成本和机会成本：直接成本指城乡制度差异造成的支出增加，如为符合城市标准增加的教育支出、技术技能培训支出、社会保障支出等；机会成本指离开农村放弃的农村户籍所得到的收益。

4.3.3 成本方程

基于以上对农户乡—城迁移行为的成本分析，各类成本之间关系的方程为：

$$C = C_u + C_i$$

$$C_i = C_{iu} + C_{io}$$

$$C_{io} = \max(R_{pp},\ R_{pw})$$

其中：C 表示农户乡—城迁移行为的总预期成本；

C_u 表示农户家庭“链式迁移”的一般性成本；

C_i 表示农户家庭“链式迁移”的制度性成本；

C_{iu}表示农户乡—城迁移行为各阶段的制度性一般成本；

C_{io}表示农户乡—城迁移行为各阶段的制度性机会成本；

R_{pw}表示农户家庭务工的预期收益；

R_{pp}表示农户家庭返乡的预期收益，即机会成本。

将成本函数变换成贴现方程形式，有：

$$C(0) = \int_0^n \{C_u(t) + C_{iu}(t) + \max[R_{pp}(t),\ R_{pw}(t)]\} e^{-rt} dt$$

其中：$C(0)$表示农户乡—城迁移行为总预期成本的贴现值；

r 表示贴现率。

4.4 农户乡—城迁移行为的成本变化测度

农户乡—城“链式迁移”行为的经济成本(即有形成本)可以直接测度，对农户家庭“链式迁移”决策选择与迁移方式选择起决定性作用。

4.4.1 农户乡—城迁移行为成本变化的理论分析

由于数据的易得性，假设农户家庭迁移成本等于农户家庭迁移的经济成本。风险成本可用近似概率计算获得，心理成本可通过农户家庭成员的交通支出近似测度，在农户家庭迁移决策中起到非决定性作用。

参照第 3 章的研究，具体农户家庭静态迁移成本方程可修改为：

$$C=p_{1u}L_u\mu_u+L_rp_{1r}\mu_r+L_uP_1h_1+S_uL_u+C_uL_u-C_u+Td+C_6$$

其中：$p_{1u}L_u\mu_u+S_uL_u+C_uL_u-C_u+Td+C_6$ 表示农户家庭迁移城市的总成本；

$L_rp_{1r}\mu_r+L_uP_1h_1$ 表示农村成员生产、生活支出；

p_{1u}表示农户家庭城市消费品的平均价格；

p_{1r}表示居住农村成员消费品的平均价格；

μ_u 和 μ_r 分别表示家庭每个成员的城市产品、农村产品消费量；

$p_{1u}L_u\mu_u+L_rp_{1r}\mu_r$ 表示家庭消费总支出，其中家庭大额支出包括教育、医疗和养老支出，分摊到家庭成员消费支出中；

P_1 表示每个城市家庭成员租房租金；

h_1 表示人均租房面积；

$L_uP_1h_1$ 表示农户家庭城市租房支出；

$S_uL_u+C_uL_u-C_u$ 表示社区公共产品和宏观环境与制度供给购买支出；

Td 表示家庭团聚支出；

C_6 表示农户家庭其他支出。

4.4.2 依据调研数据的测度结果

根据本书的调研数据，可计算出湖北省钟祥市 2017 年不同类型农户家庭的成本变化情况。

农户乡—城“链式迁移”过程中各类家庭总成本差异明显。由半迁移农户家庭到举家迁移未定居农户家庭，再到举家迁移定居农户家庭、融入城市农户家庭，家庭年均总成本逐步增加。由举家迁移未定居农户家庭到融入城市农户家庭，家庭成员年均成本下降。原因可能是，融入城市后的生活成本、居住成本和教育支出降低，特别是获得城市认可后的风险支出和心理成本降低。

半迁移农户家庭成员年均成本较大。半迁移农户家庭的在校学生比重高，子女教育使家庭教育支出较大。另外，半迁移农户家庭的交通成本支出也较高。

4.5 农户乡—城迁移行为的成本—收益与迁移条件分析

4.5.1 农户乡—城迁移行为的收益分析

收益是农户家庭产生“链式迁移”行为的根本动因。

设农户乡—城迁移行为的收益为 R，且设某家庭状态与前一家庭状态收益差为：

$$R=R_{i+1}-R_i=(I_{i+1}-E_{i+1})-(I_i-E_i) \quad (i=1,\ 2,\ 3,\ 4)$$

其中：$i=1$，2，3，4 分别代表各类家庭。

根据相关数据，对各类家庭总收入和总成本进行测算可知：

在各类家庭状态中，举家迁移未定居农户家庭的家庭收益为负值，可能是子女在城市上学的费用引起的。① 举家迁移定居农户家庭和融入城市农户家庭由迁移带来的收益较高。

举家迁移定居农户家庭与举家迁移未定居农户家庭总成本相差不大。家庭人均成本由派出首个农户家庭到半迁移农户家庭提高较大，到举家迁移未定居农户家庭为最高，然后开始下降。

与纯农村家庭相比，由举家迁移未定居农户家庭到举家迁移定居农户家庭的家庭人均收入变化最大。与纯农村家庭相比，举家迁移未定居农户家庭人均成本变化最大，然后开始下降。

4.5.2 农户乡—城迁移行为的条件分析

依据不同类型农户家庭迁移的收益，可知农户家庭做出“链式迁移”决策的短期均衡条件为：

① 本书没有对调研数据计算的结果进行修改，因为农村成员数量较多。

$$R_{i+1}=R_i$$

分析可知：

当 $R_{i+1}>R_i$ 时，农户家庭迁移呈 $i+1$ 状态；

当 $R_{i+1}=R_i$ 时，农户家庭迁移呈均衡状态；

当 $R_{i+1}<R_i$ 时，农户家庭迁移保持 i 状态。

按照农户乡—城迁移行为的过程，结合相关调研数据可得：

$R_{派出首个农民工农户家庭}>R_{纯农村家庭}$，收入从 33878.82 元提高到 52438.37 元，此时纯农村家庭派出首个农民工。

$R_{半迁移农户家庭}>R_{派出首个农民工农户家庭}$，收入从 52438.37 元提高到 57549.55 元，此时决策是半迁移。

$R_{举家迁移未定居农户家庭}>R_{半迁移农户家庭}$，收入从 57549.55 元提高到 58231.67 元，此时决策是举家迁移但不定居。

$R_{举家迁移定居农户家庭}>R_{举家迁移未定居农户家庭}$，收入从 58231.67 元提高到 106799.50 元，此时决策是举家迁移定居城市。

$R_{融入城市农户家庭}>R_{举家迁移定居农户家庭}$，收入从 106799.50 元提高到 112323.20 元，此时决策是融入城市。

4.5.3 农户乡—城迁移行为的意愿分析

当农户乡—城迁移行为的意愿 $V(0)$ 取决于收益与成本的比较，即 $V(0)=R(0)-C(0)>0$ 时，农户乡—城迁移行为才能从上一个阶段进入下一个阶段，即：

$$V(0)=\int_0^n[W(t)+W'(t)+R_i(t)]\mathrm{e}^{-rt}\mathrm{d}t-\int_0^n\{C_u(t)+C_{iu}(t)+\max[R_{pp}(t),R_{pw}(t)]\}\mathrm{e}^{-rt}\mathrm{d}t$$

在具体分析中，可以根据情况对上式进行简化处理，引入“三大差异”，方程可以写成如下形式：

$$V(0)=\int_0^n[Y_w(t)+Y_w{}'(t)-C_i(t)]\mathrm{e}^{-rt}\mathrm{d}t$$

其中：$Y_w(t)$ 表示城乡间工资收入差异；

$Y_w{}'(t)$ 表示城乡间非工资收入差异；

$C_i(t)$ 表示城乡间消费水平的差异。

由此可见，$V(0)>0$ 时，农户乡—城迁移行为才能从上一个阶段进入下一个阶段，即条件为：

$$\int_0^n [Y_w(t) + Y_w'(t)] e^{-rt} dt > \int_0^n [C_i(t)] e^{-rt} dt$$

在表 4-1 的四种情形中，$E(0)$表示农户乡—城迁移行为跨越各阶段的能力。只有情形四的状态为“有能力”也“有意愿”，农户乡—城迁移行为才能从上一个阶段进入下一个阶段。可见，农户乡—城迁移行为过程中能进行各阶段状态转变的数量是预期收益和跨越各阶段能力的函数。

表 4-1 农户乡—城迁移行为四种意愿分析

情形	情形一	情形二	情形三	情形四
条件	$V(0)<0$、$E(0)<0$	$V(0)<0$、$E(0)>0$	$V(0)>0$、$E(0)<0$	$V(0)>0$、$E(0)>0$

4.5.4 长期农户乡—城迁移行为的条件分析

农户家庭迁移可能需要在一个家庭生命周期内完成。一个生命周期指家庭组织结构没有变化的阶段。[①] 在短期研究中，当家庭在城市的总收入能够支付家庭全体成员在城市的支出时，农户家庭市民化的收益才可能大于或等于零，迁移才能发生。

针对农户乡—城迁移行为的长期问题，有学者建立了长期农户家庭市民化最低收益条件模型来分析(马艳霞，2009；田青，2011；王婷，2012；范晓非等，2013)。[②] 研究假设如下：

设在一个家庭生命周期内，人口总量不变，若后期子女由非劳动力转化为劳动力，可按照非劳动力计算，只是设定子女务工收入交由父母支配，表现为父母工资水平提高。

设农户乡—城迁移行为的决策点是家庭成员结构的稳定点。

---

① 农户家庭从一个家庭生命周期过渡到下一个家庭生命周期是指家庭组织结构发生了变化，在研究中属于超长期的决策问题。

② 马艳霞．我国西部民族地区农村剩余劳动力转移理论修正与路径问题研究[D]．成都：西南财经大学，2009；田青．基于第二代农民工转移的特点对托达罗模型的修正[J]．中国城市经济，2011(5)；王婷．新生代农民工融入城市影响因素分析[D]．北京：首都经济贸易大学，2012；范晓非，王千，高铁梅．预期城乡收入差距及其对我国农村劳动力转移的影响[J]．数量经济技术经济研究，2013(7)．

设农户家庭一个生命周期内没有储蓄行为。

农户家庭市民化最低收益条件模型如下(韩俊，2009)：①

$$\sum_{t_1=0}^{m}(\sum_{i=1}^{N^1}\pi R_{w,j})e^{-rt_1}+\sum_{t_1=m+1}^{n}(\sum_{i=1}^{N^2}\pi R_{w,j}^{1})e^{-rt_2}+$$

$$\sum_{t_2=0}^{m}(\sum_{i=1}^{N}\theta_k R_{s,k}-C_{b,k})e^{-rt_2}+S_0\geqslant C_d$$

其中：0~n 表示农户家庭一个生命周期；

第 0 年表示家庭稳定结构时点；

m 表示 0~m 期，劳动力只有夫妻两人；

R_w 表示劳动力在城市的工资收入；

N^1 表示(m+1)~n 期，家庭劳动力数量；

R_w^1 表示每个劳动力的工资标准；

π 表示农户家庭劳动力的城市就业率；

θ 表示农户家庭成员福利获得率；

R_s 表示家庭成员获得的福利性收入；

C_b 表示农户家庭城市日常生活消费支出；

S_0 表示第 0 期农户家庭的财产数量；

C_d 表示农户家庭定居城市房屋成本现值。

一个生命周期内的家庭总收入大于在城市生活和工作的成本，说明该农户家庭有定居城市的经济能力，可以在一个生命周期内完成家庭“链式迁移”全过程。在既定条件下，若能求解出 n 的值，并将 n 与家庭生命周期对比，可解释第二代农民工的问题。

4.6 小结

农户家庭“链式迁移”收入包含经济收入、非经济收入；迁移成本包含经济成本、非经济成本。随着农二代青年消费的转型，从纯农村家庭到城市市民的“链式迁移”过程中户均成本呈逐步提高趋势。

① 韩俊．中国农民工战略问题研究[M]．上海：上海远东出版社，2009.

调查数据显示：从纯农村家庭到城市市民的“链式迁移”过程中总收入呈逐步提升趋势，特别是在数字化时代，直播带货、数字营销等新就业模式的发展是青年人收入提升的主要渠道。

“成本—收益”对不同类型农户家庭状态的影响不同。农户家庭在完成“链式迁移”的过程中，其关注的重心和制约因素将从物质领域逐渐转向文化、心理、教育、环境、社会保障等非物质领域。

5

基础数据与样本数据采集、处理

5.1 数据分类与获取方法

5.1.1 数据分类

理论分析只是完成研究的第一步，研究结果的科学性取决于对精确数量关系的度量，数量关系检验是理论分析的延伸，并通过数据修正逻辑结构，更精确地给出研究结论。基础数据分类的基本目标是进行关系检验、数据评估，由此给出具有明确数量意义、有规律界限的变量分类和单位。

理论的科学性需要借助实验观察、实证检验证明。运用现实数据可以更加准确和精确地表达本书的理论思想，从而提升理论研究结论的解释能力和预见能力。

实证检验手段主要有两种：实地调查和可控制实验。其中，实地调查的实测性是任何其他手段都不能替代的。基础数据包括背景数据和调研样本数据。背景数据和调研样本数据是研究的基础，基础数据收集需要与研究目标和研究方法相一致。

本书设想收集的数据分为两大类：基于研究背景的数据、基于研究方法的样本数据(包括一般样本数据和典型样本数据)。农民工相关的数据主要包括农民工总量与总量变化趋势数据、分类结构与结构变化趋势数据、农民工个体特征数据；农户家庭相关的数据主要包括家庭人力资源、家庭成本—收入、家庭农村资产构成、家庭成员市民化意愿、城乡社区环境评价、城乡制度评价数据等。

5.1.2　数据来源

第一，已出台的相关法律法规和规划等。包括《中共中央　国务院关于建立健全城乡融合发展体制机制和政策体系的意见》《2018 年农村经济工作会议公告》《中共中央关于制定国民经济和社会发展第十三个五年规划的建议》《2018 年经济工作会议公告》《国家新型城镇化规划（2014—2020年）》《国务院关于解决农民工问题的若干意见》《国务院关于深入推进新型城镇化建设的若干意见》《关于支持农民工等人员返乡创业的意见》《关于支持返乡下乡人员创业创新，促进农村一二三产业融合发展的意见》《国家发展改革委关于印发〈2019 年新型城镇化建设重点任务〉的通知》《中共中央　国务院关于做好 2022 年全面推进乡村振兴重点工作的意见》《中共中央　国务院关于做好 2023 年全面推进乡村振兴重点工作的意见》等。

第二，各类年鉴和权威调查数据。包括 2003—2022 年《中国农村住户调查年鉴》数据；2010—2022 年《中国农民工调查监测报告》《中国农民工调研报告》数据；1996 年、2006 年、2016 年、2021 年国家统计局第一、第二、第三次农业普查数据；[①] 2010—2022 年人力资源和社会保障部与国家统计局农村社会经济调查总队调查数据、农业农村部全国农村固定观察点调查数据；2010—2022 年国家统计局《国民经济和社会发展统计公报》数据；2018 年国务院发展研究中心报告数据等。

第三，各类研究报告、论文中列出的有明确出处的数据。

5.2　宏观背景数据采集

5.2.1　基础数据情况

我国经济发展水平对农民工状况的影响深远。农业生产率提高，工业

① 国家统计局．第三次全国农业普查主要数据公报（第二号）［R］．http：//www.gov.cn，2017-12-15.

化、城市化、城镇化发展释放了农村剩余劳动力，产业结构升级以及私营企业、民营企业、外资企业的发展为农村剩余劳动力进入城市从事非农产业活动提供了机会。统计数据显示，2010 年我国农民工总量约为 2.42 亿，其中外出农民工约有 1.53 亿。2015 年我国农民工总量约为 2.77 亿，其中外出农民工约有 1.69 亿。① 2016 年我国农民工总量约为 2.82 亿，其中外出农民工约有 1.69 亿。2017 年我国农民工总量约为 2.87 亿，其中外出农民工约有 1.72 亿。② 2018 年我国农民工总量约为 2.90 亿，比上年增加 303 万。③ 2022 年全国农民工总量约为 3.31 亿，比上年增加 469 万。

国家统计局《2017 年农民工监测调查报告》数据显示，1980 年及以后出生的新生代农民工逐渐成为农民工主体，占全国农民工总量的 50.5%。这标志着该群体正式登上历史舞台，他们的崛起将对我国的工业化、城市化、现代化进程产生深远影响。与老一代农民工相比，他们“所经历与体验的社会现实已经发生了很大变化，他们作为微观个体置身其中的时代是从 20 世纪 90 年代中后期至今的近 30 年，经历了社会、政治、经济等方面的急剧变化”。

2010—2019 年我国农民工规模与结构情况如表 5-1 所示。

表 5-1　2010—2019 年我国农民工规模与结构情况　单位：万人

	2010 年	2011 年	2012 年	2013 年	2014 年
农民工总量	24223	25278	26261	26894	27395
1. 外出农民工数量	15335	15863	16336	16610	16821
(1)个体外出数量	12264	12584	12961	13085	13243
(2)举家外出数量	3071	3279	3375	3525	3578
2. 本地农民工数量	8888	9415	9925	10284	10574

① 2015 年数据参见国家统计局，http://money.163.com/16/0229/11/BH06M8S800253B0H.html.

② 在乡村掀起一轮“进步运动”很有必要[EB/OL]. 搜狐财经_搜狐网，https://www.sohu.com/a/224200038_671828.

③ 2018 年我国主要宏观经济数据公布　国内生产总值首次突破 90 万亿元[EB/OL]. 新闻频道_央视网(cctv.com)，http://news.cctv.com/2019/01/21/ARTIyQFSM9yncAzFUHTkNwEm190121.shtml?spm=smpc.content.content.1.154848054686047NwLwk.

续表

	2015 年	2016 年	2017 年	2018 年	2019 年
农民工总量	27747	28171	28652	28836	29007
1. 外出农民工数量	16884	16934	17185	17385	17405
（1）个体外出数量	13264	13585	13710	13899	13908
（2）举家外出数量	3620	3349	3475	3486	3497
2. 本地农民工数量	10863	11237	11467	11570	11602

数据来源：2010—2017 年数据：《全国农民工监测调查报告》；2018—2019 年数据：国家统计局发布的国民经济和社会发展统计公报_全国[EB/OL]. http://www.sohu.com/a/298381182_114731.

农民工迁移呈现家庭流动趋势。统计数据显示，2010 年我国举家迁移农户家庭已占外出农民工总量的 20.0%，2011—2018 年的数据分别为 20.7%、20.7%、21.2%、21.3%、21.4%、19.8%、20.2%、20.7%。农户家庭迁移趋势在大城市更加明显，北京市有 43.4%农民工是举家迁移，上海市的数据为 28.3%；① 在武汉市 150 万流动人口中，家庭流动的人口超过 50 万。② 具体数据如表 5-2 所示。

表 5-2　1980—2018 年主要年份外出农民工变化情况

时间	情况说明
20 世纪 80 年代	80 年代农民工多在乡镇企业就业。80 年代初农民工流动规模较小，农民工集中在广东、浙江等地；农民工数量从 1981 年的 200 万增加到 1989 年的 3000 万。1983—1988 年乡镇企业就业的农民工数量为 6300 万。1989 年农民工开始跨省流动，跨省流动的占农民工总量的 23%
20 世纪 90 年代	90 年代农民工以跨区域流动为主，第二、第三产业是主要就业渠道，跨省流动比重上升，数量从 90 年代初期的 6000 万人增加到 1 亿人。流入地集中在中西部地区、东南沿海地区
2002—2010 年	2002—2010 年农村劳动力供求总量变化较大，外出农民工总量变化较小，虽仍有年均 6.9% 的增长，但低于 20 世纪 90 年代 15% 的增速。③ 农民工流入地以大中城市为主

① 洪小良．城市农民工的家庭迁移行为及影响因素研究[J]. 中国人口科学，2007(6).

② 王海英．女性农民工非正规就业与农户家庭流动[J]. 文史博览，2006(4).

③ 孙战文．农户家庭迁移决策与迁移行为研究[D]. 济南：山东农业大学，2013.

续表

时间	情况说明
2011—2016 年	全国举家迁移占全部农村劳动力的平均比重为 5.29%。农民工开始带动非劳动力迁移。2011—2016 年的举家迁移在外出农民工中的占比数据分别为 20.7%、20.7%、21.2%、21.3%、21.4%、19.8%
2017 年以后	由于乡村振兴战略的实施，以及各地区的农民工返乡创业政策出台，出现了农民工“双向流动”和农民工返乡潮

数据显示，“十三五”期间每年新增农民工 350 万~450 万，人口城市化率达到 60%；2020—2030 年每年将新增农民工 200 万~300 万。到 2030 年，农民工总量将突破 2.9 亿，其中多数是举家迁移的，人口城市化率将达到 68%~70%。

5.2.2 与农户家庭迁移相关的状态数据情况

随着我国城镇化进程的推进，经济与社会的发展状态发生变化，适合农户家庭迁移的条件也在发生变化，直接影响了家庭迁移各个阶段的决策，是研究需要关注的基础数据。

1. 促进农户家庭迁移的因素数据

家庭人口负担减轻，适合举家迁移。统计数据显示，我国农村家庭人口数量从 4.2 人(2011 年)减少到 3.8 人(2015 年)再到 3.6 人(2018 年)；农村家庭劳动力减少到 2.9 人(2015 年)再到 2.7 人(2018 年)；农村家庭非劳动力减少到 0.8 人(2015 年)再到 0.7 人(2018 年)。农户家庭人口负担的下降有利于实现举家迁移。家庭成员减少有利于举家迁移；农村家庭未成年子女数量减少、农村家庭非劳动力数量减少，使迁移后家庭的城市经济负担下降，有利于农户家庭迁移。具体数据如表 5-3 所示。

表 5-3 2011—2018 年部分年份农村家庭人口结构 单位：人/户

年份	成员数量	农村劳动力	农村非劳动力	城市人口数量
2011	4.2	3.1	1.0	0.1
2015	3.8	2.9	0.8	0.1
2018	3.6	2.7	0.7	0.2

数据来源：2010—2016 年数据来自《中国住户调查年鉴》；2017 年、2018 年的数据为网上查得。

农村家庭资产市场化处置方式多样化，适合举家迁移。农户家庭在农村最大的财产是耕地和宅基地(包括住房)，对耕地和宅基地的处置方式更趋于市场化。当前多数家庭仍然不愿意放弃承包地、宅基地(住房)等(侯云春等，2011；金三林，2011；宫仁，2011；宋晓方，2011)。① 土地流转市场、交易市场的存在和发展有利于农户家庭迁移。具体数据如表 5-4 所示。

表 5-4 2017 年农户家庭耕地、宅基地处置方式平均占比情况 (%)

耕地处置方式	处置方式按家庭数的占比	宅基地处置方式	处置方式按家庭数的占比
家人耕种	36.3	保留备用	89.1
亲友代种	26.9	有偿转让	6.5
土地流转	24.3	现金补偿	4.4
抛荒闲置	12.5	置换住房	0.0

数据来源：武汉市实地调查。

农村家庭整体文化程度提高、知识技能提升，有利于家庭迁移后在城市就业。农村家庭劳动力文化状况的相关统计数据如表 5-5 所示。②

表 5-5 2010—2018 年农村家庭劳动力文化状况变动情况 (%)

年份	文盲	小学	初中	高中	中专	大专及以上
2010	5.7	24.4	52.4	12.0	2.9	2.4
2011	5.5	26.5	53.0	9.9	2.5	2.7
2012	7.9	32.2	48.1	9.3	1.8	0.5
2013	7.9	31.1	48.9	9.7	1.9	0.5
2014	7.4	29.9	50.2	9.7	2.1	0.6
2015	7.0	31.4	49.0	9.8	2.1	0.7

① 侯云春，韩俊，等．农民工的八大利益诉求发展研究[R]．国务院发展研究中心报告，2011(12)；金三林．农民工现状特点及意愿诉求：基于对 7 省市农民工的调查研究[J]．经济研究参考，2011(10)；宫仁．多数农民工进城定居盼留承包地[J]．科技致富向导，2011(7)；宋晓方．我国农民工市民化进程中的政府责任研究[D]．郑州：河南大学，2011.

② 教育部和中华全国总工会决定在全国范围内联合实施农民工学历与能力提升行动计划，主要目标是建立学历与非学历教育并重，产教融合、校企合作、工学结合的农民工继续教育新模式，提升农民工学历层次和技术技能水平。

续表

年份	文盲	小学	初中	高中	中专	大专及以上
2016	6.9	30.1	49.6	10.7	2.1	0.6
2017	6.9	30.4	49.1	10.9	2.0	0.7
2018	6.7	31.4	49.7	9.7	1.9	0.6

数据来源：2001—2017 年数据根据《中国农村住户调查年鉴》计算整理得到；2018 年的数据来自网络。

在农村人口中，初中及以下文化程度的务农人员比重超过 80%，高中程度人口占农村劳动力的比重仅为 10%左右，受过高中及以上教育的人口比例不足 15%。①

随着农村家庭务工收入增长，农户家庭迁移的经济能力更强。收入增长为农户家庭定居城市、融入城市提供了经济支撑。统计数据如表 5-6、表 5-7 所示。

表 5-6　2010—2018 年农村家庭收入状况变动情况(1)

年份	收入		工资收入	
	总量(元/户)	增长率(%)	总量(元/户)	增长率(%)
2010	5919.0	14.9	2431.1	17.9
2011	7393.9	17.9	2963.4	21.9
2012	8389.3	13.5	3447.5	16.3
2013	9429.6	12.4	3652.5	5.9
2014	10488.9	11.2	4152.2	13.7
2015	11421.7	8.9	4600.3	10.8
2016	12363.4	8.2	5021.8	9.2
2017	13432.0	8.6	5498.0	9.5
2018	14617.0	8.8	5996.0	9.1

数据来源：2010—2017 年数据来自《中国农村住户调查年鉴》，2018 年数据来自网络。

① 李燕凌，汤庆熹．我国现代农业发展现状及其战略对策研究[J]．农业现代化研究，2009(6).

表 5-7 2010—2018 年农村家庭收入状况变动情况(2)

年份	家庭经营收入		财产性收入		转移性收入		纯收入	
	总量（元/户）	增长率（%）	总量（元/户）	增长率（%）	总量（元/户）	增长率（%）	总量（元/户）	增长率（%）
2010	2832.8	12.1	202.2	20.9	452.9	13.8	5919.0	14.9
2011	3222.0	13.7	228.6	13.1	563.3	24.3	6977.3	17.9
2012	3533.4	9.7	249.1	9.0	686.7	21.9	7916.6	13.5
2013	3934.8	11.4	194.7	—	1647.5	—	8895.9	12.4
2014	4237.4	7.7	222.1	14.1	1877.2	13.9	9892.0	11.2
2015	4503.6	6.3	251.5	13.2	2066.3	10.1	10772.0	8.9
2016	4741.3	5.3	272.1	7.5	2328.2	12.7	*	*
2017	5028.0	6.0	303.0	11.3	2603	11.8	*	*
2018	5358.0	6.6	342.0	12.9	2902	11.5	*	*

注：*表示没有查到数据。

数据来源：2010—2017 年数据根据《中国农村住户调查年鉴》计算得到，2018 年数据根据新闻报道整理。

2. 阻碍农户家庭迁移的因素数据

农民工接受技能培训较少，农民工技师缺乏，阻碍了农户家庭向城市迁移。2012 年统计数据显示，我国外出农民工中没有技能等级的占 49.52%，初级技工占 28.56%，中级技工占 15.21%，高级技工占 4.47%，技师占 1.34%，高级技师占 0.89%(见表 5-8)。农村劳动力职业技能和科学文化水平不高，80%的人没有特别的技术技能，仅有 14%的农村劳动力掌握了一定的工业、建筑业和服务业技能，3.2%的劳动力掌握了农业技术，接受过职业教育和培训的劳动力仅占 20%。①

① 李燕凌，汤庆熹．我国现代农业发展现状及其战略对策研究[J]．农业现代化研究，2009(6)．

表 5-8 2012 年农民工职业技能状况

农民工职业技能	占农民工的比例(%)
无技能等级	49.52
初级技工	28.56
中级技工	15.21
高级技工	4.47
技师	1.34
高级技师	0.89

数据来源：朱进芳．市民化视角下农民工社会保障制度的改革与创新[J]．安徽农业科学，2012(6).

与城市市民相比，农民工收入相对较低，阻碍了农户乡—城迁移行为的实现。统计数据显示，我国 2018 年外出农民工月平均收入为 4000 元，具体数据如表 5-9 所示。

表 5-9 2001—2018 年城市市民与外出农民工月平均收入对照

年份	外出农民工月平均收入		城市市民就业年平均工资性收入		城市市民总收入		城市市民可支配性收入	
	总量（元）	增长率（%）	总量（元）	增长率（%）	总量（元）	增长率（%）	总量（元）	增长率（%）
2001	267	41.1	4829.9	7.8	6868.9	9.1	6859.6	9.2
2002	298	11.6	5740.0	18.8	8177.4	19.0	7702.8	12.3
2003	346	16.1	6410.2	11.7	9061.2	10.8	8472.2	10.0
2004	398	14.9	7152.8	11.6	10128.5	11.8	9421.6	11.2
2005	469	17.7	7797.5	9.0	11320.8	11.8	10493.0	11.4
2006	554	18.3	8767.0	12.4	12719.2	12.4	11759.5	12.1
2007	651	17.5	10234.8	16.7	14908.6	17.2	13785.8	17.2
2008	762	17.2	11299.0	10.4	17067.8	14.5	15780.8	14.5
2009	850	11.6	12382.1	9.6	18858.1	10.5	17174.7	8.8
2010	1015 (1690)	19.4	13707.7	10.7	21033.4	11.5	19109.4	11.3

续表

年份	外出农民工月平均收入		城市市民就业年平均工资性收入		城市市民总收入		城市市民可支配性收入	
	总量（元）	增长率（%）	总量（元）	增长率（%）	总量（元）	增长率（%）	总量（元）	增长率（%）
2011	2049	21.2	15411.9	12.4	23979.2	14.0	21809.8	14.1
2012	2290	11.8	17335.6	12.5	26959.0	12.4	24564.7	12.6
2013	2609	13.9	16617.4	—	29547.1	9.6	26467.0	7.7
2014	2864（3108）	9.8	17936.8	7.9	*	*	28843.9	9.0
2015	3359	8.1	19337.1	7.8	*	*	31194.8	8.2
2016	3572	6.3	20665.0	6.9	*	*	33616.2	7.8
2017	3805	6.5	22201.0	7.9	*	*	36396.0	8.3
2018	4000	6.9	23792.0	8.9	*	*	39251.0	7.8

注：*表示没有查到数据。

数据来源：2001—2009 年采用《中国农村住户调查年鉴》数据。2010—2017 年的数据为网上查得，其中 2010 年、2014 年出现两个数据。2018 年的数据来自 2018 农民工调查报告：外出农民工月收入破 4000 元[EB/OL]. 农民工_新浪财经_新浪网，http：//finance.sina.com.cn/china/gncj/2019-04-30/doc-ihvhiewr9076625.shtml.

城市农户家庭生活水平较低，与农村消费水平相近，农户家庭迁移动力下降。具体家庭迁移决策取决于不同类型家庭的不同状态，但工资性收入对农户家庭迁移动力影响较大。

农民工在城市居住环境差、住房成本高，使农户家庭迁移的动力下降。有学者的统计数据显示，2014 年农民工平均居住面积为 6.5 平方米，月均房租为 377.5 元，在务工地购房的农户家庭仅占 0.7%。按目前农户家庭收入水平和房价对比测算，平均 19.5 年才能购到同样居住面积的房子（见表 5-10）。2018 年进城农民工人均居住面积为 20.2 平方米，比上年增加 0.4 平方米，有 19%的进城农民工购买了住房。①

① 国家统计局．2018 年国民经济和社会发展统计公报[EB/OL]. http：//www.sohu.com/a/298381182_114731.

表 5-10　2014 年农户家庭居住环境、住房成本情况

农民工平均居住面积(平方米)	月均房租(元)	在务工地购房比例(%)	农户家庭收入水平和房价对比测算的购房时间(年)
6.5	377.5	0.7	19.5

数据来源：杨肖丽，韩洪云，王秋兵．代际视角下农民工居住环境影响因素研究——基于辽宁省的抽样调查[J]．中南财经政法大学学报，2015(7)．

农户家庭参与城市活动机会少，与市民直接交流机会少(见表 5-11)，有城市边缘感。由于在城市的业余文化生活单调(见表 5-12)，使农户家庭迁移的意愿下降。

表 5-11　2011 年农户家庭参与企业和社区活动情况

企业和社区活动类型	参与农户家庭占家庭总数的比例(%)
回农村参与居委会选举	34.1
参与工作单位或所居住社区的管理活动	23.0
加入工会	10.0
参与社区管理	34.6
参与企业管理	78.9

数据来源：朱进芳．市民化视角下农民工社会保障制度的改革与创新[J]．安徽农业科学，2012(6)．

表 5-12　2011 年全国农民工城市业余文化生活方式

城市业余文化生活方式	占农民工总数的比例(%)
看电视	2.4
上网	61.9
在家里或宿舍休息	21.7
聊天	0.8
逛街	1.4
看报纸、杂志	0.1
打牌	10.8
参加培训	0.9

数据来源：朱进芳．市民化视角下农民工社会保障制度的改革与创新[J]．安徽农业科学，2012(6)．

3. 农户家庭迁移的条件变化

农户家庭认为，成为市民的主要标志有户口、收入、住房、编制、社会保障等。主要标志占比如表 5-13 所示。

表 5-13 农民工成为市民的主要标志

成为市民的主要标志	选项占比(%)
取得城市户口	43.7
稳定的工作和较高的收入	89.8
在城市购买了住房	10.1
成为企业的正式职工	46.4
享有和市民一样的待遇	13.5
具有市民生活方式和价值观念	21.6

数据来源：基于研究的调查数据。湖北省钟祥市样本数据统计截止到 2017 年底。湖北省武汉市东西湖区的样本数据统计截止到 2018 年 10 月底。

农户家庭希望政府为其定居城市提供的保障及比例如表 5-14 所示。

表 5-14 农户家庭希望政府为其定居城市提供的保障 (%)

保障项目	半迁移农户家庭（钟祥市）	举家迁移未定居农户家庭（钟祥市）	举家迁移定居农户家庭（武汉市）	融入城市农户家庭(武汉市)
最低工资保障	40.7	35.4	32.6	*
保障性住房或廉租房保障	13.2	24.4	6.7	*
社会保障	5.4	4.7	6.7	*
医疗条件保障	6.7	6.3	7.8	*
工作、生活环境保障	12.0	7.1	8.9	*
子女教育条件保障	13.1	9.4	23.1	*
权益保障	8.3	11.0	12.8	*
其他保障（图书馆、文体活动等）	0.5	1.6	2.3	*

注：*表示没有查到数据。

数据来源：基于研究的调查数据。湖北省钟祥市样本数据统计截止到 2017 年底。湖北省武汉市东西湖区的样本数据统计截止到 2018 年 10 月底。

综上所述，农户家庭举家迁移城市的意愿强烈。所以设计针对不同类型家庭的城市接纳方式是实现农户家庭迁移的重要保障。

5.3 湖北省钟祥市、武汉市农民工和农户家庭样本数据采集与处理

本书设想采用新劳动力迁移经济理论中的效用理论和成本—收益理论，建立农户乡—城迁移行为各阶段的决策与行为分析模型，并采用实证分析方法得出影响各阶段向下个阶段转换决策的因素，为确定城市接纳方式提供支撑。

5.3.1 各种迁移状态农户家庭的基本数据

收集的各种迁移状态农户家庭样本的数量分布如表 5-15 所示。

表 5-15 各种迁移状态农户家庭样本的数量分布 单位：户

样本总数	纯农村家庭（钟祥市）	派出首个农民工农户家庭（钟祥市）	半迁移农户家庭（钟祥市）	举家迁移未定居农户家庭（钟祥市）	举家迁移定居农户家庭（武汉市）	融入城市农户家庭（武汉市）	市民家庭（武汉市）
724	14	69	569	34	29	9	16

数据来源：基于研究的调查数据。湖北省钟祥市样本数据统计截止到 2017 年底。湖北省武汉市东西湖区的样本数据统计截止到 2018 年 10 月底。

收集农户家庭的各种迁移状态数据，具体数据如下：

被访农户家庭成员数量与结构基本情况如表 5-16 所示。

表 5-16 被访农户家庭成员数量与结构基本情况 单位：人/户

家庭类型	成员数量	城市劳动力	农村劳动力	农村非劳动力	城市非劳动力	子女数量	老人数量
纯农村家庭（钟祥市）	4.20	0.00	2.29	1.91	0.00	1.20	0.71
派出首个农民工农户家庭（钟祥市）	4.67	1.00	2.50	1.17	0.00	0.58	0.59

续表

家庭类型	成员数量	城市劳动力	农村劳动力	农村非劳动力	城市非劳动力	子女数量	老人数量
半迁移农户家庭（钟祥市）	4.97	1.68	1.84	1.25	0.20	0.55	0.75
举家迁移未定居农户家庭（钟祥市）	3.17	2.96	0.00	0.00	0.21	0.20	0.01
举家迁移定居农户家庭（武汉市）	4.00	3.24	0.00	0.00	0.76	0.44	0.32
融入城市农户家庭（武汉市）	4.94	3.42	0.00	0.00	1.52	0.79	0.73

数据来源：基于研究的调查数据。湖北省钟祥市样本数据统计截止到2017年底。湖北省武汉市东西湖区的样本数据统计截止到2018年10月底。

表5-16的数据显示，从成员数量上看，举家迁移未定居农户家庭和举家迁移定居农户家庭成员数量相对较少，说明家族成员数量在一定程度上决定着迁移过程的难度；半迁移农户家庭的劳动力数量最多，可以选择成员外出务工，在务工过程中，人们首先转移到乡镇或者中小城市的制造业岗位，若干年后，随着数字化时代的到来，制造业就业岗位很容易被取代，而更多的城市服务业就业岗位被创造。人们离开中小城市制造业岗位，更多地到大城市从事服务业，比如做网约车司机、快递小哥等。

各种迁移状态农户家庭农村资产情况如表5-17所示。

表5-17　各种迁移状态农户家庭农村资产情况

指标	纯农村家庭（钟祥市）	派出首个农民工农户家庭（钟祥市）	半迁移农户家庭（钟祥市）	举家迁移未定居农户家庭（钟祥市）	举家迁移定居农户家庭（武汉市）
宅基地面积（亩）	0.05	0.05	0.06	0.08	0.07
耕地面积（亩）	4.12	4.32	3.71	4.14	2.66
住房面积（平方米）	74.00	86.00	82.74	109.56	96.60
转租耕地年租金（元）	0	644.07	5007.33	4907.33	3742.60
宅基地、住房总值（元）	98877.42	94470.43	107518.39	116652.67	186896.55

续表

指标	纯农村家庭（钟祥市）	派出首个农民工农户家庭（钟祥市）	半迁移农户家庭（钟祥市）	举家迁移未定居农户家庭（钟祥市）	举家迁移定居农户家庭（武汉市）
农用固定资产总值(元)	13230.84	13000.48	8553.31	14764.82	3892.00
意愿住房年租金(元)	0	2504.36	3003.36	12905.17	23000.00

数据来源：基于研究的调查数据。湖北省钟祥市样本数据统计截止到2017年底。湖北省武汉市东西湖区的样本数据统计截止到2018年10月底。

表5-17的数据显示，在被访农户家庭各类农村资产状况中，宅基地面积相差不大，因此宅基地面积不是决定农户乡—城迁移行为各阶段决策的主要因素；而对于农用固定资产总值，则举家迁移定居农户家庭最小，为3892.00元，半迁移农户家庭为8553.31元，举家迁移未定居农户家庭农用固定资产总值最高，为14764.82元；举家迁移定居农户家庭意愿住房年租金最高，为23000.00元；举家迁移定居农户家庭耕地面积在各类家庭中最小，为2.66亩，说明耕地面积越小的家庭，越趋向于选择举家迁移。

被访农户家庭耕地处置方式如表5-18所示。

表5-18　被访农户家庭分类耕地处置方式 （%）

类型	派出首个农民工农户家庭(钟祥市)	半迁移农户家庭(钟祥市)	举家迁移未定居农户家庭（钟祥市）	举家迁移定居农户家庭（武汉市）	融入城市农户家庭(武汉市)
家人耕种	98.80	80.88	20.77	8.57	0.00
亲友代种	1.20	5.84	27.69	30.72	18.74
耕地流转	0.00	7.61	35.38	32.14	34.38
其他情况	0.00	5.66	16.15	28.57	46.88

数据来源：基于相关研究的调查数据。

表 5-18 的数据显示，派出首个农民工农户家庭选择“家人耕种”的占比为 98.80%；半迁移农户家庭选择“家人耕种”的占比为 80.88%；举家迁移未定居农户家庭和举家迁移定居农户家庭趋于选择“耕地流转”，占比分别为 35.38%、32.14%；融入城市农户家庭更趋向于选择“其他情况”，占比为 46.88%，详细问询后，多数是“闲置”。由此可见，农户家庭迁移过程中的家庭耕地处置方式选择不当，容易造成耕地的浪费，这是选择城市接纳方式时需要考虑的重大问题。

被访农户家庭宅基地处置方式如表 5-19 所示。

表 5-19　被访农户家庭宅基地处置方式　　（%）

处置方式	派出首个农民工农户家庭（钟祥市）	半迁移农户家庭（钟祥市）	举家迁移未定居农户家庭（钟祥市）	举家迁移定居农户家庭（武汉市）	融入城市农户家庭（武汉市）
保留备用(在使用)	69.11	35.05	40.91	17.24	0
有偿转让	15.99	6.59	9.09	10.34	98.70
现金补偿	3.25	0	0	0	0
置换住房	10.03	0	0	0	0
闲置(没有使用)	1.63	58.36	50.00	72.42	1.30

数据来源：基于研究的调查数据。湖北省钟祥市样本数据统计截止到 2017 年底。湖北省武汉市东西湖区的样本数据统计截止到 2018 年 10 月底。

表 5-19 的数据显示，派出首个农民工农户家庭的宅基地处置方式主要选择保留备用(在使用)，占比为 69.11%；半迁移农户家庭和举家迁移未定居农户家庭的宅基地处置方式选择保留备用(在使用)的占比分别为 35.05%、40.91%；融入城市农户家庭几乎全部放弃了宅基地，98.70%的家庭选择了有偿转让。但各类家庭均没有选择(派出首个农民工农户家庭除外)“现金补偿”和“置换住房”方式，说明当前有学者提出的“现金补偿”收回宅基地的处置方式不被农户家庭接受；“置换住房”或用宅基地“换”城市户口的方式也不被农户家庭接受。农户家庭宅基地闲置(没有使用)的问题也要引起政府的足够重视。

被访农民工职业技能和技能培训情况如表 5-20 所示。

表 5-20 被访农民工职业技能和技能培训情况

（%）

农民工职业技能等级	派出首个农民工农户家庭（钟祥市）	半迁移农户家庭（钟祥市）	举家迁移未定居农户家庭（钟祥市）	举家迁移定居农户家庭（武汉市）	融入城市农户家庭（武汉市）
无技能等级	50. 63	50. 51	52. 46	52. 80	0
初级技工	26. 78	27. 54	28. 28	18. 00	0
中级技工	15. 70	15. 23	11. 89	19. 30	0
高级技工	3. 78	4. 57	4. 92	7. 50	0
技师	1. 01	1. 27	1. 41	1. 90	42. 40
高级技师	2. 10	0. 89	2. 05	0. 60	57. 60
农民工参加培训类型	派出首个农民工农户家庭（钟祥市）	半迁移农户家庭（钟祥市）	举家迁移未定居农户家庭（钟祥市）	举家迁移定居农户家庭（武汉市）	融入城市农户家庭（武汉市）
没有参加	50. 63	48. 98	50. 82	34. 50	9. 10
学徒工	27. 64	25. 13	21. 72	13. 80	9. 10
自费技能培训	10. 01	14. 97	15. 16	3. 40	33. 30
政府组织培训	10. 71	3. 17	2. 87	10. 30	21. 20
企业组织培训	1. 01	7. 74	9. 43	37. 90	27. 30

数据来源：基于研究的调查数据。湖北省钟祥市样本数据统计截止到 2017 年底。湖北省武汉市东西湖区的样本数据统计截止到 2018 年 10 月底。

表 5-20 的数据显示，在农民工职业技能水平方面，派出首个农民工农户家庭、半迁移农户家庭、举家迁移未定居农户家庭和举家迁移定居农户家庭无技能等级农民工占比差距不大，分别是 50. 63%、50. 51%、52. 46%、52. 80%；初级技工、中级技工在派出首个农民工农户家庭、半迁移农户家庭和举家迁移未定居农户家庭中占比差距也不大；融入城市农户家庭的技师数量占比要明显高于其他四类家庭。派出首个农民工农户家庭、半迁移农户家庭和举家迁移未定居农户家庭没有参加过农民工职业技能培训的人员数量明显高于其他类型的家庭，举家迁移定居农户家庭、融入城市农户家庭成员多数参加过自费技能培训、政府组织培训、企业组织培训。由此可见，农户家庭若想融入城市，加强技能培训、提高职业技能是关键。

被访农户家庭城市环境与制度了解和应用情况如表 5-21 所示。

表 5-21 被访农户家庭城市环境与制度了解和应用情况

指标	派出首个农民工农户家庭（钟祥市）	半迁移农户家庭（钟祥市）	举家迁移未定居农户家庭（钟祥市）	举家迁移定居农户家庭（武汉市）	融入城市农户家庭（武汉市）
确知各种保险含义比率(%)	0	66.70	78.30	88.00	93.36
企业为务工人员缴纳“五险一金”比率(%)	35.67	45.47	55.60	63.20	80.26
愿意购买保险比率(%)	2.50	48.20	61.80	69.60	91.48
企业或政府负担 50%，愿意购买保险比率(%)	86.00	85.30	91.80	98.90	99.00
对相关法律法规的了解程度(1~10)	2.50	2.86	3.58	4.75	6.00
具有法律维权意识比率(%)	70.00	78.30	81.90	86.90	91.26
愿意用法律维权比率(%)	70.00	77.30	86.90	97.60	98.10
法律维权作用评价均值(1~10)	7.567	7.720	8.390	8.870	9.485
劳务合同签订率(%)	80.23	85.92	87.81	88.10	92.12
合同条款了解程度均值(1~10)	7.667	7.860	7.920	8.100	9.100
合同条款修订率(%)	5.00	6.03	6.45	9.50	10.50
合同未修订时，合同条款公平性均值(1~10)	8.400	7.140	7.620	7.100	8.485
合同保护合法权益能力均值(1~10)	7.633	6.000	6.500	7.800	7.879
未签订合同时，就业权益保护信心均值(1~10)	6.00	9.00	9.50	8.90	9.00
城市总体环境评价均值(1~10)	6.02	6.90	7.80	7.41	7.79
城市政治环境评价均值(1~10)	4.03	7.39	8.90	5.40	5.70
城市经济环境评价均值(1~10)	8.05	5.70	6.70	7.30	8.30
城市文化环境评价均值(1~10)	4.08	5.47	8.90	9.00	9.40

数据来源：基于研究的调查数据。湖北省钟祥市样本数据统计截止到 2017 年底。湖北省武汉市东西湖区的样本数据统计截止到 2018 年 10 月底。

表 5-21 的数据显示，融入城市农户家庭对城市环境与制度了解和应用状态明显优于其他类型的家庭，可能是由本身素质或是长期生活在城市的经

历决定的；半迁移农户家庭对城市经济环境评价均值较低，也是迁移至城市的动力所在，但融入城市农户家庭对城市环境的评价出现了分项差异，说明他们对城市环境的理解更加理性；半迁移农户家庭、举家迁移未定居农户家庭和举家迁移定居农户家庭的法律维权意愿相对较低，这对向农户家庭进行普法教育提出了要求。

被访农户家庭认为定居城市的主要障碍如表 5-22 所示。

表 5-22　被访农户家庭认为定居城市的主要障碍　（%）

农户家庭类型	经济原因	制度原因	风险因素
派出首个农民工农户家庭（钟祥市）	54.33	24.67	20.67
半迁移农户家庭（钟祥市）	81.00	8.60	10.40
举家迁移未定居农户家庭（钟祥市）	74.60	10.40	15.00
举家迁移定居农户家庭（武汉市）	41.50	23.90	34.60

数据来源：基于研究的调查数据。湖北省钟祥市样本数据统计截止到 2017 年底。湖北省武汉市东西湖区的样本数据统计截止到 2018 年 10 月底。

表 5-22 的数据显示，在被访农户家庭认为定居城市障碍选择中，半迁移农户家庭和举家迁移未定居农户家庭认为主要障碍是经济原因；举家迁移定居农户家庭认为主要障碍是经济原因和风险因素。由此可见，在选择城市接纳方式时，针对半迁移农户家庭和举家迁移未定居农户家庭主要是解决经济问题，而对于举家迁移定居农户家庭需要解决的是提升经济收入和降低失业、伤病风险。

被访农户家庭选择定居城市原因分布情况如表 5-23 所示。

表 5-23　被访农户家庭选择定居城市原因分布情况　（%）

原因选择	派出首个农民工农户家庭（钟祥市）	半迁移农户家庭（钟祥市）	举家迁移未定居农户家庭（钟祥市）	举家迁移定居农户家庭（武汉市）	融入城市农户家庭（武汉市）
教育条件好	49.00	42.90	38.60	17.20	18.20
社保水平高	14.68	3.30	6.30	17.20	18.20
生活条件好	5.54	36.40	33.10	20.70	24.20
有低保、下岗扶持	5.82	6.90	11.80	55.20	39.40
福利水平高	12.47	5.60	6.30	13.80	15.20

续表

原因选择	派出首个农民工农户家庭(钟祥市)	半迁移农户家庭(钟祥市)	举家迁移未定居农户家庭(钟祥市)	举家迁移定居农户家庭(武汉市)	融入城市农户家庭(武汉市)
有保障性住房或廉租房	11.91	1.30	0.80	0	0
身份平等	9.42	2.00	0.60	0	0
子女高考容易	0.28	0.50	0	0	0

数据来源：基于研究的调查数据。湖北省钟祥市样本数据统计截止到2017年底。湖北省武汉市东西湖区的样本数据统计截止到2018年10月底。

表5-23的数据显示，分析农户家庭选择定居城市原因，可以了解农户家庭迁移的动因。派出首个农民工农户家庭、半迁移农户家庭、举家迁移未定居农户家庭主要迁移动因是“教育条件好”，占比分别为49.00%、42.90%、38.60%，选择“生活条件好”的占比分别为5.54%、36.40%、33.10%；但举家迁移未定居农户家庭和举家迁移定居农户家庭、融入城市农户家庭都不认为在城市“子女高考容易”；举家迁移定居农户家庭、融入城市农户家庭选择“有低保、下岗扶持”的比例较大，说明已经定居城市家庭开始考虑就业稳定，有低保、下岗扶持等更长期的生存问题；派出首个农民工农户家庭、半迁移农户家庭和举家迁移未定居农户家庭有选择“身份平等”选项，说明农户家庭在乡—城迁移初期，最希望的是城乡身份平等，但其他类型家庭由于在城市生活的时间较长和人员较多，对城市现实更加理解，没有将此项作为选择项。由此可见，教育条件、生活条件是农户家庭认为的城乡主要差异；对于半迁移农户家庭、举家迁移未定居农户家庭，若进入城市后没有解决这两个主要问题，会降低他们迁移定居的意愿；对于举家迁移定居农户家庭和融入城市农户家庭，若想长期居住在城市，则需要解决就业稳定、低保、下岗扶持等问题。

被访农户家庭成员希望成为市民的主要原因如表5-24所示。

表5-24 被访农户家庭成员希望成为市民的主要原因

主要原因	排序
城市收入高，生活条件好	1
子女教育条件好	2

续表

主要原因	排序
农民负担过重	4
农民社会地位低	5
城里退休工资高，社会保障好	6
城市精神文化丰富	7
城市人有稳定的工作	3
城市人体面	8
其他问题	9

数据来源：基于研究的调查数据。湖北省钟祥市样本数据统计截止到2017年底。湖北省武汉市东西湖区的样本数据统计截止到2018年10月底。

希望定居城市与希望成为市民是两个不同的概念。表5-24的数据显示，农户家庭成员希望成为市民的主要原因是"城市收入高，生活条件好"和"子女教育条件好"，也设想有一份稳定的城市工作。"农民负担过重""农民社会地位低"也是农户家庭成员希望成为市民的主要原因。

被访农户家庭成员认为成为市民的主要标志如表5-25所示。

表5-25 被访农户家庭成员认为成为市民的主要标志

主要标志	排序
取得城市户口	4
稳定的工作和较高的收入	1
在城市购买了住房	3
成为企业的正式职工	2
享有和市民一样的待遇	5
具有和市民相同的生活方式和价值观念	6

数据来源：基于研究的调查数据。湖北省钟祥市样本数据统计截止到2017年底。湖北省武汉市东西湖区的样本数据统计截止到2018年10月底。

表5-25的数据显示，农户家庭成员认为取得稳定的工作和较高的收入是成为市民的主要标志；成为企业的正式职工也是成为市民的主要标志；在城市购买了住房也是主要选择项，但参照当前城市的房价水平，这个选择项没有太大意义。

被访农户家庭成员认为成为市民后面临的主要问题如表 5-26 所示。

表 5-26 被访农户家庭成员认为成为市民后面临的主要问题

主要问题	排序
城市消费支出高	3
失业风险大，失业后没有生活保障	1
在城市买房负担重	6
城市压力大，生活累	4
孩子在城市上学费用高	5
在城市受歧视、地位低	7
看病难、看病贵	2
其他问题	8

数据来源：基于研究的调查数据。湖北省钟祥市样本数据统计截止到 2017 年底。湖北省武汉市东西湖区的样本数据统计截止到 2018 年 10 月底。

表 5-26 的数据显示，城市消费支出高，失业风险大，失业后没有生活保障和看病难、看病贵是农户家庭成员认为成为市民后面临的主要问题。

被访农户家庭选择返乡原因分布情况如表 5-27 所示。

表 5-27 被访农户家庭选择返乡原因分布情况 (%)

返乡原因	派出首个农民工农户家庭（钟祥市）	半迁移农户家庭（钟祥市）	举家迁移未定居农户家庭（钟祥市）	举家迁移定居农户家庭（武汉市）	融入城市农户家庭（武汉市）
农村生活安逸，压力小	8.9	27.1	32.0	24.1	15.2
农村生态环境好	12.7	14.3	20.8	20.7	21.2
农村人员熟悉，关系融洽	33.6	22.5	17.6	10.3	15.2
农村消费低	23.9	22.3	20.0	17.2	12.1
在农村生活身心健康	0.5	0.7	3.2	27.6	36.4
农村生活更习惯	20.4	13.0	6.4	0	0

数据来源：基于研究的调查数据。湖北省钟祥市样本数据统计截止到 2017 年底。湖北省武汉市东西湖区的样本数据统计截止到 2018 年 10 月底。

表 5-27 的数据显示，农户家庭选择返乡也是存在的事实，但农户家庭选择返乡没有规律可循。举家迁移定居农户家庭和融入城市农户家庭已经意识到了城市污染问题，逐渐将身心健康当成主要选择项。由此可见，实现农户家庭长期稳定生活在城市，城市的自然和生活环境状况需要改善。

被访农户家庭成员不希望成为市民的主要原因如表 5-28 所示。

表 5-28　被访农户家庭成员不希望成为市民的主要原因

主要原因	排序
城市生活压力大	2
城市就业风险高	1
城市房价高	3
城市消费水平高	9
不想放弃承包地	4
在城市地位低	7
城市教育开支高	5
没有城市居民待遇	6
其他问题	8

数据来源：基于研究的调查数据。湖北省钟祥市样本数据统计截止到 2017 年底。湖北省武汉市东西湖区的样本数据统计截止到 2018 年 10 月底。

表 5-28 的数据显示，城市就业风险高、城市生活压力大、城市房价高是农户家庭成员不希望成为市民的主要原因。由此可见，提高农民工的城市就业率，特别是控制物价、房价，是促进农户家庭迁移并定居城市、成为市民的关键。

被访农民工就业情况如表 5-29 所示。

表 5-29　被访农民工就业情况　（%）

指标		占农民工总数比例
就业单位性质	行政事业单位	4.5
	国有企业	20.9
	三资企业	14.3
	集体企业	28.0
	个体工商户、私营企业	32.3
劳动保护措施	很好或较好	15.9
	一般	28.6
	较差或没有	53.7
工资拖欠	偶尔	17.7
	经常	28.6
	没有	52.9

续表

指标		占农民工总数比例
社会保险(养老)	加入	90.4
	没加入	9.2
社会保险(医疗)	加入	85.4
	没加入	13.8
对就业单位的评价	满意或较满意	16.4
	一般	27.7
	不满意或很不满意	49.8

数据来源：基于研究的调查数据。湖北省钟祥市样本数据统计截止到 2017 年底。湖北省武汉市东西湖区的样本数据统计截止到 2018 年 10 月底。

表 5-29 的数据显示，农民工就业单位性质主要是国有企业，三资企业，集体企业，个体工商户、私营企业，仅有少数家庭子女大学或研究生毕业进入行政事业单位；农民工的劳动保护措施不够完善；工资拖欠也时有发生；农民工对现有就业单位的评价不高。由此可见，应提高农户家庭成员教育水平，子女上大学或读研究生是进入行政事业单位和国有企业的必由之路，也有利于农户家庭迁移并定居城市。

被访农户家庭农民工务工地点、务工行业和工作单位分布情况如表 5-30 所示。

表 5-30 被访农户家庭农民工务工地点、务工行业和工作单位分布情况 （%）

农户家庭类型		派出首个农民工农户家庭（钟祥市）	半迁移农户家庭（钟祥市）	举家迁移未定居农户家庭（钟祥市）	举家迁移定居农户家庭（武汉市）	融入城市农户家庭（武汉市）
务工地点	直辖市	3.4	7.7	12.3	24.1	21.2
	省会(副省级)城市	5.6	23.0	25.4	41.4	33.3
	地级市	36.8	29.6	20.1	34.5	42.4
	县级市	10.6	19.2	25.8	3.4	3.0
	县城或小城镇	20.0	17.0	16.4	0.2	0.3
	其他	23.6	3.6	0	0	0

续表

农户家庭类型		派出首个农民工农户家庭（钟祥市）	半迁移农户家庭（钟祥市）	举家迁移未定居农户家庭（钟祥市）	举家迁移定居农户家庭（武汉市）	融入城市农户家庭（武汉市）
务工行业	工业	26.7	22.1	23.4	31.0	33.3
	建筑业	30.6	29.9	19.7	24.1	24.2
	商业	10.7	9.5	9.4	17.2	15.2
	餐饮和家庭服务业	10.6	14.8	22.5	6.9	15.2
	交通运输业	14.6	6.6	6.6	20.7	12.1
	农业	3.1	2.7	1.6	0	0
	其他	3.7	14.3	16.8	0.5	0.3
工作单位性质	国有企业	3.1	6.0	11.9	10.3	18.2
	个体企业	39.5	36.8	38.1	20.7	36.4
	私营企业	39.6	42.6	35.7	27.2	35.5
	国家机关	1.2	3.2	2.9	14.1	10.2
	其他	16.6	11.4	11.5	27.6	1.3

数据来源：基于研究的数据。湖北省钟祥市样本数据统计截止到2017年底。湖北省武汉市东西湖区的样本数据统计截止到2018年10月底。

表5-30的数据显示，派出首个农民工农户家庭的农民工务工地点多在地级市、县级市、县城或小城镇；半迁移农户家庭的农民工务工地点多在省会(副省级)城市、地级市、县级市；举家迁移未定居农户家庭的农民工务工地点多在省会(副省级)城市、县级市；举家迁移定居农户家庭的农民工务工地点多在省会(副省级)城市、地级市；融入城市农户家庭的农民工务工地点多在省会(副省级)城市、地级市。

派出首个农民工农户家庭的农民工务工行业多在工业、建筑业；半迁移农户家庭的农民工务工行业多在工业、建筑业；举家迁移未定居农户家庭的农民工务工行业多在工业、建筑业、餐饮和家庭服务业；举家迁移定居农户家庭的农民工务工行业多在工业、建筑业、交通运输业；融入城市农户家庭的农民工务工行业多在工业、建筑业。

派出首个农民工农户家庭的农民工务工的工作单位性质多是个体企业、私营企业；半迁移农户家庭的农民工务工的工作单位性质多是个体企业、私营企业；举家迁移未定居农户家庭的农民工务工的工作单位性质多是个体企业、私营企业；举家迁移定居农户家庭的农民工务工的工作单位性质除个体企业、私营企业外，国家机关占比也较多；融入城市农户家庭的农民工务工的工作单位性质多是个体企业、私营企业。

被访农户家庭希望政府为其在定居城市提供的保障情况如表 5-31 所示。

表 5-31 被访农户家庭希望政府为其在定居城市提供的保障情况 (%)

保障项目	派出首个农民工农户家庭（钟祥市）	半迁移农户家庭（钟祥市）	举家迁移未定居农户家庭（钟祥市）	举家迁移定居农户家庭（武汉市）	融入城市农户家庭（武汉市）
最低工资保障	56.3	40.7	35.4	8.4	7.3
保障性住房或廉租房保障	12.0	13.2	24.4	13.2	10.2
社会保障	1.6	5.4	4.7	11.4	9.3
医疗条件保障	7.6	6.7	6.3	23.2	12.2
工作、生活环境保障	9.6	12.0	7.1	10.2	22.2
子女教育条件保障	3.6	13.1	9.4	19.2	20.4
权益保障	2.5	8.3	11.0	12.2	12.2
其他保障	6.8	0.5	1.6	2.2	6.2

数据来源：基于研究的调查数据。湖北省钟祥市样本数据统计截止到 2017 年底。湖北省武汉市东西湖区的样本数据统计截止到 2018 年 10 月底。

表 5-31 的数据显示，派出首个农民工农户家庭和半迁移农户家庭希望政府提供的保障主要是最低工资保障，对其他问题考虑不多。举家迁移未定居农户家庭开始考虑保障性住房或廉租房保障问题。举家迁移定居农户家庭开始考虑医疗条件保障和子女教育条件保障问题。融入城市农户家庭主要考虑工作、生活环境保障和子女教育条件保障问题。这一分析结论为城市接纳政策设计提供了差异化思路。

被访农户家庭农民工外出务工年数如表 5-32 所示。

表 5-32　被访农户家庭农民工外出务工年数

农户家庭类型	累计外出务工年数（年）	外出务工年数占比（%）
派出首个农民工农户家庭（钟祥市）	1 以下	9.1
	1~3	34.7
	4~5	20.6
	6~9	35.6
	10~14	0
	15~19	0
	20 及以上	0
半迁移农户家庭（钟祥市）	1 以下	6.3
	1~3	20.6
	4~5	16.8
	6~9	24.9
	10~14	15.0
	15~19	7.7
	20 及以上	8.8
举家迁移未定居农户家庭（钟祥市）	1 以下	2.5
	1~3	12.7
	4~5	17.2
	6~9	32.0
	10~14	19.7
	15~19	9.0
	20 及以上	7.0
举家迁移定居农户家庭（武汉市）	1 以下	1.7
	1~3	10.1
	4~5	16.3
	6~9	22.2
	10~14	39.0
	15~19	10.7
	20 及以上	1.7

数据来源：基于研究的调查数据。湖北省钟祥市样本数据统计截止到 2017 年底。湖北省武汉市东西湖区的样本数据统计截止到 2018 年 10 月底。

表 5-32 的数据显示，对派出首个农民工农户家庭来说，农民工务工

时间多数是1~3年及6~9年；半迁移农户家庭的农民工务工时间占比最大的是6~9年；举家迁移未定居农户家庭的农民工务工时间占比最大的是6~9年；举家迁移定居农户家庭的农民工务工时间占比最大的是10~14年。由此可见，农民工在城市务工时间越长越趋向于迁移城市定居。

被访农户家庭农民工近3年更换单位情况如表5-33所示。

表5-33 被访农户家庭农民工近3年更换单位情况 （%）

更换单位数	派出首个农民工农户家庭（钟祥市）	半迁移农户家庭（钟祥市）	举家迁移未定居农户家庭（钟祥市）	举家迁移定居农户家庭（武汉市）	融入城市农户家庭（武汉市）
没有更换单位	10.4	19.1	39.13	43.6	64.6
更换1家单位	30.6	20.2	26.79	43.4	23.4
更换2家单位	20.7	21.6	21.74	10.2	11.0
更换3家单位	18.3	37.4	8.70	2.8	0
更换4家单位	20.0	1.7	4.35	0	0

数据来源：基于研究的调查数据。湖北省钟祥市样本数据统计截止到2017年底。湖北省武汉市东西湖区的样本数据统计截止到2018年10月底。

表5-33的数据显示，派出首个农民工农户家庭的农民工多数更换过1家以上单位；半迁移农户家庭的农民工多数更换过1~3家单位；举家迁移未定居农户家庭的农民工多数更换过1~2家单位或没有更换过单位；举家迁移定居农户家庭的农民工多数更换过1家单位或没有更换过单位；融入城市农户家庭的农民工多数没有更换过单位。由此可见，农民工经常更换工作单位对农户家庭乡—城迁移有负向影响，坚持在一家单位长期工作对迁移并定居城市有正向作用。

被访农户家庭定居地选择及年结余情况如表5-34所示。

表5-34 被访农户家庭定居地选择及年结余情况

农户家庭类型	定居地	比例(%)	户均年结余(元)
纯农村家庭（钟祥市）	省会或副省级城市	21.60	*
	地级市	17.60	*
	县城或小城镇	28.60	*

续表

农户家庭类型	定居地	比例(%)	户均年结余(元)
纯农村家庭（钟祥市）	在哪里打工就定居在哪里	9.17	*
	只要是城镇就行	1.94	*
派出首个农民工农户家庭（钟祥市）	省会或副省级城市	21.00	2156.00
	地级市	21.67	3210.07
	县城或小城镇	12.67	1901.10
	在哪里打工就定居在哪里	9.80	3901.06
	只要是城镇就行	34.33	1321.47
半迁移农户家庭（钟祥市）	省会或副省级城市	51.77	7483.19
	地级市	21.86	5755.21
	县城或小城镇	84.89	4286.63
	在哪里打工就定居在哪里	48.23	4781.67
	只要是城镇就行	78.14	3268.71
举家迁移未定居农户家庭（钟祥市）	省会或副省级城市	65.22	8639.64
	地级市	13.04	6218.37
	县城或小城镇	78.26	4870.61
	在哪里打工就定居在哪里	34.78	4956.16
	只要是城镇就行	86.96	4670.36
举家迁移定居农户家庭（武汉市）	省会或副省级城市	48.28	14486.60
	地级市	34.48	12816.76
	县城或小城镇	82.76	11280.63
	在哪里打工就定居在哪里	51.72	9869.60
	只要是城镇就行	65.52	8286.67

注：*表示没有查到数据。

数据来源：基于研究的调查数据。湖北省钟祥市样本数据统计截止到2017年底。湖北省武汉市东西湖区的样本数据统计截止到2018年10月底。

表5-34的数据显示，派出首个农民工农户家庭的定居地选择主要是“只要是城镇就行”；半迁移农户家庭的定居地选择主要是“县城或小城镇”“只要是城镇就行”；举家迁移未定居农户家庭的定居地选择主要是“只要是城镇就行”“县城或小城镇”“省会或副省级城市”；举家迁移定居农户家庭的定居地选择主要是“县城或小城镇”“只要是城镇就行”“省会或副省级城市”，也有一定比例的农民工选择在打工地定居。

举家迁移未定居农户家庭选择“省会或副省级城市”“地级市”“县城或小城镇”“在哪里打工就定居在哪里”“只要是城镇就行”的户均年结余分别为 8639.64 元、6218.37 元、4870.61 元、4956.16 元、4670.36 元；举家迁移定居农户家庭选择“省会或副省级城市”“地级市”“县城或小城镇”“在哪里打工就定居在哪里”“只要是城镇就行”的户均年结余分别为 14486.60 元、12816.76 元、11280.63 元、9869.60 元、8286.67 元。

被访农户家庭成本—收入结构如表 5-35 所示。

表 5-35 被访农户家庭成本—收入结构

农户家庭类型	成本		收入	
纯农村家庭（钟祥市）	农村生活成本（元）	3855.22	城市务工收入（元）	0
	城市生活成本（元）	0	城市就业率（%）	0
	居住成本（元）	0	城市福利性收益（元）	0
	通信成本（元）	0	城市福利性收益获得率（%）	0
	医疗成本（元）	577.66	农村资产收入（元）	1336.23
	教育成本（元）	1125.96	农村务工、务农收入（元）	16195.16
	流动成本（元）	0	农村福利性收益（元）	1186.72
			农村福利性收益获得率（%）	49.12
	其他成本（元）	5911.70	其他收入（元）	15160.71
	总成本（元）	11470.54	总收入（元）	33878.82
派出首个农民工农户家庭（钟祥市）	农村生活成本（元）	5653.08	城市务工收入（元）	25465.60
	城市生活成本（元）	6444.00	城市就业率（%）	54.00
	居住成本（元）	3148.80	城市福利性收益（元）	430.53
	通信成本（元）	213.46	城市福利性收益获得率（%）	26.14
	医疗成本（元）	576.68	农村资产收入（元）	1436.33
	教育成本（元）	1305.06	农村务工、务农收入（元）	15642.20
	流动成本（元）	682.03	农村福利性收益（元）	878.07
			农村福利性收益获得率（%）	50.07
	其他成本（元）	5312.76	其他收入（元）	9016.17
	总成本（元）	23335.87	总收入（元）	52868.9

续表

农户家庭类型	成本		收入	
半迁移农户家庭（钟祥市）	农村生活成本（元）	6918.00	城市务工收入（元）	38453.70
	城市生活成本（元）	25173.02	城市就业率（%）	76.60
	居住成本（元）	10402.64	城市福利性收益（元）	335.70
	通信成本（元）	790.17	城市福利性收益获得率（%）	21.10
	医疗成本（元）	790.17	农村资产收入（元）	3295.88
	教育成本（元）	1843.24	农村务工、务农收入（元）	1153.57
	流动成本（元）	883.33	农村福利性收益（元）	889.40
			农村福利性收益获得率（%）	23.10
	其他成本（元）	4890.47	其他收入（元）	5900.74
	总成本（元）	51691.04	总收入（元）	50028.99
举家迁移未定居农户家庭（钟祥市）	农村生活成本（元）	0	城市务工收入（元）	91950.00
	城市生活成本（元）	44380.13	城市就业率（%）	84.10
	居住成本（元）	6340.13	城市福利性收益（元）	591.30
	通信成本（元）	657.38	城市福利性收益获得率（%）	23.10
	医疗成本（元）	457.41	农村资产收入（元）	2000.00
	教育成本（元）	3320.00	农村务工、务农收入（元）	110.87
	流动成本（元）	177.00	农村福利性收益（元）	712.66
			农村福利性收益获得率（%）	23.10
	其他成本（元）	4700.00	其他收入（元）	11108.33
	总成本（元）	60032.05	总收入（元）	106473.16
举家迁移定居农户家庭（武汉市）	农村生活成本（元）	0	城市务工收入（元）	111125.00
	城市生活成本（元）	51806.88	城市就业率（%）	80.34
	居住成本（元）	6439.20	城市福利性收益（元）	648.28
	通信成本（元）	405.72	城市福利性收益获得率（%）	54.70
	医疗成本（元）	609.66	农村资产收入（元）	10240.00
	教育成本（元）	2390.74	农村务工、务农收入（元）	0
	流动成本（元）	227.78	农村福利性收益（元）	665.45
			农村福利性收益获得率（%）	0
	其他成本（元）	4106.90	其他收入（元）	10597.50
	总成本（元）	65986.88	总收入（元）	133276.23

续表

农户家庭类型	成本		收入	
融入城市农户家庭（武汉市）	农村生活成本（元）	0	城市务工收入（元）	108636.36
	城市生活成本（元）	59718.72	城市就业率（%）	69.70
	居住成本（元）	8714.16	城市福利性收益（元）	1039.39
	通信成本（元）	542.36	城市福利性收益获得率（%）	94.00
	医疗成本（元）	1000.00	农村资产收入（元）	0
	教育成本（元）	2008.00	农村务工、务农收入（元）	0
	流动成本（元）	0	农村福利性收益（元）	0
			农村福利性收益获得率（%）	0
	其他成本（元）	1509.90	其他收入（元）	2647.41
	总成本（元）	73493.14	总收入（元）	112323.16

数据来源：基于研究的调查数据。湖北省钟祥市样本数据统计截止到2017年底。湖北省武汉市东西湖区的样本数据统计截止到2018年10月底。

表5-35的数据显示，纯农村家庭总成本为11470.54元，总收入为33878.82元；派出首个农民工农户家庭总成本为23335.87元，总收入为52868.9元；半迁移农户家庭总成本为51691.04元，总收入为50028.99元；举家迁移未定居农户家庭总成本为60032.05元，总收入为106473.16元；举家迁移定居农户家庭总成本为65986.88元，总收入为133276.23元；融入城市农户家庭总成本为73493.14元，总收入为112323.16元。

由此可见，半迁移农户家庭比纯农村家庭的总收入高，总成本也高。相比举家迁移未定居农户家庭，半迁移农户家庭的总收入较低。与举家迁移未定居农户家庭相比，举家迁移定居农户家庭的总收入有较大提高，但总成本差别不大。融入城市农户家庭的总成本高于举家迁移定居农户家庭的总成本，总收入也略高于举家迁移农户家庭。融入城市农户家庭的总收入最高，是一种从收益层面考虑的理想状态。

5.3.2 各种迁移状态家庭中农民工的相关数据

被访农户家庭农民工城市务工收入年结余情况如表 5-36 所示。

表 5-36 被访农户家庭农民工城市务工年结余情况 单位：元/户

指标	派出首个农民工农户家庭(钟祥市)	半迁移农户家庭(钟祥市)	举家迁移未定居农户家庭(钟祥市)	举家迁移定居农户家庭(武汉市)	融入城市农户家庭(武汉市)
城市务工年收入*	25896.13	38453.70	91950.00	111125.00	108636.36
城市务工年结余**	19452.13	18831.08	11423.21	52693.12	49957.03
储蓄或寄回家***	19452.13	18831.08	11423.21	52693.12	49957.03

注：*表示务工收入与城市年均福利性收入之和；**表示总城市收入减去城市生活年支出；***表示由于调查无法得到真实的“储蓄或寄回家”的数据，研究假设“城市务工结余”全部储蓄或寄回家。

数据来源：基于研究的调查数据。湖北省钟祥市样本数据统计截止到 2017 年底。湖北省武汉市东西湖区的样本数据统计截止到 2018 年 10 月底。

表 5-36 的数据显示，派出首个农民工农户家庭成员城市务工年结余为 19452.13 元，半迁移农户家庭成员城市务工年结余为 18831.08 元，举家迁移未定居农户家庭成员城市务工年结余为 11423.21 元，举家迁移定居农户家庭成员城市务工年结余为 52693.12 元，融入城市农户家庭成员工资年结余为 49957.03 元。总体看来，举家迁移定居农户家庭和融入城市农户家庭的城市务工年结余最高。

被访农户家庭农民工入城渠道分布情况如表 5-37 所示。

表 5-37 被访农户家庭农民工入城渠道分布情况 (%)

入城渠道类型	派出首个农民工农户家庭(钟祥市)	半迁移农户家庭(钟祥市)	举家迁移未定居农户家庭(钟祥市)	举家迁移定居农户家庭(武汉市)	融入城市农户家庭(武汉市)
独自进城	10.0	21.1	13.0	20.7	18.2
跟随家庭其他成员进城	30.6	22.2	33.5	17.6	24.2
因企业到农村招工进城	6.9	5.9	13.0	13.8	15.2
因社会亲情网络进城	14.7	13.7	13.0	6.9	0.9

续表

入城渠道类型	派出首个农民工农户家庭（钟祥市）	半迁移农户家庭（钟祥市）	举家迁移未定居农户家庭（钟祥市）	举家迁移定居农户家庭（武汉市）	融入城市农户家庭（武汉市）
因工头或政府组织进城	30.6	30.2	17.4	31.0	32.4
因民间中介机构进城	6.6	5.2	7.2	6.8	6.2
因其他途径进城	0.6	1.8	2.8	3.3	2.9

数据来源：基于研究的调查数据。湖北省钟祥市样本数据统计截止到 2017 年底。湖北省武汉市东西湖区的样本数据统计截止到 2018 年 10 月底。

表 5-37 的数据显示，因工头或政府组织进城工作是农民工主要入城渠道。跟随家庭其他成员进城工作的情况在举家迁移未定居农户家庭中占比最大。独自进城工作情况在半迁移农户家庭和举家迁移定居农户家庭中比较明显。可见，跟随家庭其他成员进城工作已经成为多数农民工入城的主要渠道，呈现“链式迁移”的状态。

5.4 湖北省武汉市东西湖区居民家庭相关的样本数据采集与处理

研究没能在钟祥市调查到融入城市农户家庭相关的样本数据。由于武汉市东西湖区处于城乡接合部，有很多举家迁移定居农户家庭生活在这一区域，现居住人员多数家庭是因为拆迁改造而移居城市的农户家庭，基本情况与融入城市农户家庭相似，研究用这一群体的数据替代融入城市农户家庭相关的样本数据。

2009—2018 年武汉市东西湖区城市居民经济情况如表 5-38 所示。

表 5-38 2009—2018 年武汉市东西湖区城市居民经济情况

年份	户籍人口(人)	城市人口(人)	城市居民人均可支配收入(元)
2009	263763	84048	15978
2010	269464	84484	17911
2011	268964	85342	20339

续表

年份	户籍人口(人)	城市人口(人)	城市居民人均可支配收入(元)
2012	267111	83268	23146
2013	276445	91593	25969
2014	283103	90930	27222
2015	288541	90059	29810
2016	296479	91008	32634
2017	312834	91563	35613
2018	318342	91532	36714

数据来源：2009—2017年数据源自各年《武汉市东西湖区统计年鉴》，2018年数据为网上查询。

由表5-38可见：在调研期间，武汉市东西湖区城市居民人均可支配收入为35613元(2017年)、36714元(2018年)。融入城市农户家庭的收入水平高于城市居民的收入水平。

5.5 小结

农民工迁移呈现家庭流动趋势，家庭流动新态势在大城市更加明显。

促进农户家庭迁移的条件数据显示，农民家庭人口负担减轻、农户家庭农村资产市场化处置方式多样化、农村家庭整体文化水平提升、农村家庭务工收入增长使迁移的经济能力增强，有利于促进农户家庭乡—城迁移。

阻碍农户家庭迁移的条件数据显示，农民工接受技能培训较少，农民工技师缺乏，农民工收入相对较低，与城市市民相比差距较大，农民工城市居住环境差、住房成本高等，阻碍了农户家庭迁移到城市。城市农户家庭生活水平较低，与农村消费水平相近，农户家庭迁移动力下降。农户家庭参与城市活动机会少，与市民直接交流机会少，有强烈的城市边缘感，农民工在城市的业余文化生活单调，使农户家庭迁移的意愿下降。

调查数据显示，在农户乡—城迁移过程中各类家庭状态差异明显。

(1)从被访农户家庭成员数量上看，举家迁移未定居农户家庭成员数量最少；半迁移农户家庭的劳动力数量较多，可以选择成员外出务工；从子女数量、老人数量上看，各类家庭差别不大，可见子女数量、老人数量多少不是影响迁移决策的主要因素。

(2)被访农户家庭农村资产状况中各类家庭的宅基地面积相差不大，因此宅基地面积不是决定农户乡—城迁移行为的主要因素；但耕地面积越小的家庭，越趋向于举家迁移。

(3)被访农户家庭耕地处置方式数据显示，半迁移农户家庭多数选择“家人耕种”，举家迁移未定居农户家庭和举家迁移定居农户家庭则更趋于选择“耕地流转”。农户家庭迁移过程中的家庭耕地处置方式选择不当，容易造成耕地的浪费，这是城市选择接纳政策时需要考虑的重大问题。

(4)被访农户家庭宅基地处置方式数据显示，半迁移农户家庭和举家迁移未定居农户家庭的宅基地处置方式主要选择“保留备用(在使用)”；融入城市农户家庭几乎全部放弃了宅基地。各类家庭均没有选择(派出首个农民工农户家庭外)“现金补偿”和“置换住房”方式，说明当前有学者提出的“现金补偿”收回宅基地的处置方式不被农户家庭接受；“置换住房”或用宅基地“换”城市户口的方式也不被农户家庭接受。

(5)被访农民工职业技能和技能培训情况数据显示，在农民工职业技能水平方面，派出首个农民工农户家庭、半迁移农户家庭、举家迁移未定居农户家庭和举家迁移定居农户家庭无技能等级农民工占比差距不大；初级技工、中级技工在派出首个农民工农户家庭、半迁移农户家庭、举家迁移未定居农户家庭中占比差距也不大；但融入城市农户家庭的技师数量占比要明显高于其他四类家庭。派出首个农民工农户家庭、半迁移农户家庭、举家迁移未定居农户家庭没有参加过农民工职业技能培训的人员数量明显高于其他类型的家庭，举家迁移定居农户家庭、融入城市农户家庭成员多数参加过自费技能培训、政府组织培训、企业组织培训。由此可见，农户家庭若想融入城市，加强技能培训、提高职业技能是关键。

(6)被访农户家庭城市环境与制度了解和应用情况数据显示，融入城市农户家庭对城市环境与制度了解和应用状态明显优于其他类型的家庭，这个可能是由自身素质或是长期生活在城市的经历决定的；半迁移农户家庭对城市经济环境评价均值较高，也是迁移至城市的动力所在，但融入城市的农户家庭对城市环境的评价出现了分项差异，说明他们对城市环境的理解更加理性；半迁移农户家庭、举家迁移未定居农户家庭和举家迁移定居农户家庭的法律维权意愿相对较低，这也是全社会进行普法教育的重点问题。

(7)农户家庭定居城市的主要障碍情况数据显示，在被访农户家庭认为定居城市障碍选择中，半迁移农户家庭和举家迁移未定居农户家庭认为的主要障碍是经济原因；举家迁移定居农户家庭认为的主要障碍是经济原因和风险因素。由此可见，在选择城市接纳方式时，对于半迁移农户家庭和举家迁移未定居农户家庭主要是解决经济问题，而对于举家迁移定居农户家庭主要解决的是经济问题和降低生活在城市的风险。

(8)被访农户家庭选择定居城市原因分布情况数据显示，派出首个农民工农户家庭、半迁移农户家庭、举家迁移未定居农户家庭主要迁移动因是教育条件好；但举家迁移未定居农户家庭和举家迁移定居农户家庭、融入城市农户家庭都不认为子女在城市参加高考容易；举家迁移定居农户家庭、融入城市农户家庭选择“有低保、下岗扶持”的比例较多，说明已经开始考虑就业稳定，有低保、下岗扶持等更长期的问题；派出首个农民工农户家庭、半迁移农户家庭、举家迁移未定居农户家庭有选择“身份平等”选项，说明在农户家庭迁移初期，设想的是城乡身份平等。

(9)被访农户家庭成员希望成为市民的主要原因数据显示，农户家庭成员希望成为市民的主要原因是城市收入高、生活条件好和子女教育条件好，也希望有一份稳定的工作。农民负担过重、农民社会地位低也是农户家庭成员希望成为市民的主要原因。

(10)被访农户家庭成员认为成为市民的主要标志排序数据显示，农户家庭成员认为取得稳定工作和较高收入是成为市民的主要标志；成为企业的正式职工也是成为市民的主要标志；在城市购买了住房也是主要标志。

(11)被访农户家庭成员认为成为市民后面临的主要问题排序数据显示，城市消费支出高，失业风险大，失业后没有生活保障，看病难、看病贵是农户家庭成员认为成为市民后会面临的主要问题。

(12)农户家庭选择返乡原因分布情况数据显示，农户家庭选择返乡是存在的事实，但农户家庭选择返乡的原因分布没有规律可循。举家迁移定居农户家庭和融入城市农户家庭已经意识到了城市污染问题，逐渐将身心健康当成主要选项。由此可见，若想农户家庭长期稳定生活在城市并成为市民，城市的环境状况需要改善。

（13）被访农户家庭成员不希望成为市民的主要原因排序数据显示，城市就业风险高、城市生活压力大、城市房价高是农户家庭成员不希望成为市民的主要原因。由此可见，提高农民工的城市就业率，特别是控制物价、房价，是促进农户家庭成员成为市民的关键。

（14）被访农民工务工地点、务工行业和务工单位分布情况数据显示，半迁移农户家庭的农民工务工地点多在省会（副省级）城市、地级市、县级市；举家迁移未定居农户家庭的农民工务工地点多在省会（副省级）城市、县级市；举家迁移定居农户家庭的农民工务工地点多在省会（副省级）城市、地级市；融入城市农户家庭的农民工务工地点多在省会（副省级）城市、地级市。

（15）入城渠道情况调查显示，跟随家庭其他成员进城工作已经成为多数农民工入城的主要渠道，呈现"链式迁移"的状态。

（16）更换工作单位情况调查显示，农民工经常更换工作单位对迁移有负面影响，坚持在一家单位长期工作对迁移并定居城市有正向作用。

（17）被访农户家庭希望政府为其定居城市提供的保障情况调查显示，派出首个农民工农户家庭和半迁移农户家庭希望政府提供的保障主要是最低工资保障，其他问题考虑不多。举家迁移未定居农户家庭开始考虑保障性住房或廉租房保障问题。举家迁移定居农户家庭开始考虑医疗条件保障和子女教育条件保障问题。融入城市农户家庭主要考虑工作、生活环境保障和子女教育条件保障问题。这为政策设计提供了差异化思路。

6 派出首个农民工阶段农户家庭迁移决策与迁移行为分析

在数字化时代，数字化技术、大数据在劳动力市场的供求均衡中日趋重要，并在农民工就业的影响因素中占据重要地位。在“数字中国”战略和“新型城镇化”推进背景下，与农户家庭成员“链式迁移”的现实相应的城市接纳方式和政策，还有待深入研究。

6.1 派出首个农民工阶段农户家庭的状态分析

农村家庭派出首个劳动力进城务工是“链式迁移”的第一个链条，是家庭成员城乡配置、家庭收支变化、生活环境变化的开始，本书中称为“派出首个农民工阶段”，决策为“初次离乡决策”。如表 6-1 所示。

表 6-1　被访农民工(纯农村)家庭特征对照

农户家庭状态	农户家庭特征	对应的决策阶段
纯农村家庭	无家庭成员外出务工，居住、户籍都在农村	—
派出首个农民工的农户家庭	首个农民工外出务工，家庭居住、成员户籍都在农村	初次离乡决策

本章研究派出首个农民工阶段农户家庭的迁移决策和迁移行为，说明影响初次迁移行为的决策因素，为城市对派出首个农民工的农户家庭的接

纳方式研究奠定基础。此阶段派出首个农民工的农户家庭与其他类型家庭的决策方式及影响因素都有差异。为说明派出首个农民工的原因，在研究中引入纯农村家庭的数据进行比较。

6.1.1 派出首个农民工农户家庭的基本调查数据

研究从湖北省钟祥市统计局收集到派出首个农民工的农户家庭样本 69 户的数据。为实现比较研究的目标，同时列出了与 14 户纯农村家庭对照的数据。① 如表 6-2 所示。

表 6-2 农民工(纯农村)家庭样本数据的数量分布 单位：户

两类家庭样本总数	派出首个农民工农户家庭	纯农村家庭（对照家庭）
83	69	14

数据来源：基于研究的调查数据。湖北省钟祥市样本数据统计截止到 2017 年底。

第一，派出首个农民工的农户家庭数据包括家庭成员数量、劳动力(农村、城市)数量、非劳动力(农村、城市)数量、子女数量、老人数量，家庭农村资产状况、收益结构数据、生产(生活)变动、家庭耕地经营类型、宅基地和耕地处置意愿，对城市环境与制度了解和应用状况等。

第二，首个外出农民工城市务工数据包括职业技能和技能培训状况，首个外出农民工务工年数情况，农户家庭首个外出农民工务工地点、务工行业和务工单位分布，首个外出农民工更换务工单位情况，首个外出农民工入城渠道分布等。

以下对派出首个农民工的农户家庭的基本调查数据进行描述。

派出首个农民工的农户家庭成员数量和结构与纯农村家庭成员数量和结构比较，如表 6-3 所示。

① 由于在调查中很少有纯农村家庭，样本中只有 14 户，而且多数是经济条件较差的贫困户。

表 6-3 派出首个农民工的农户家庭成员数量和结构与纯农村家庭数量和结构比较

单位：人/户

家庭类型	成员数量	城市劳动力	农村劳动力	农村非劳动力
派出首个农民工的农户家庭	4.67	1.00	2.50	1.17
纯农村家庭（对照家庭）	4.20	0.00	2.29	1.91
家庭类型	城市非劳动力	子女数量	老人数量	
派出首个农民工的农户家庭	0.00	0.58	0.59	
纯农村家庭（对照家庭）	0.00	1.20	0.71	

数据来源：基于研究的调查数据。湖北省钟祥市样本数据统计截止到 2017 年底。

表 6-3 的数据显示，派出首个农民工的农户家庭成员数量高于纯农村家庭成员数量；派出首个农民工的农户家庭农村非劳动力、子女数量和老人数量低于纯农村家庭的数量。派出首个农民工的农户家庭劳动力数量高于纯农村家庭，说明派出首个农民工的农户家庭有剩余劳动力，即派出首个农民工的农户家庭农村劳动力数量较高，可派出首个外出农民工。

派出首个农民工的农户家庭农村资产状况与纯农村家庭农村资产状况比较如表 6-4 所示。

表 6-4 派出首个农民工的农户家庭农村资产状况与纯农村家庭农村资产状况比较

指标	派出首个农民工的农户家庭	纯农村家庭（对照家庭）
宅基地面积（亩）	0.05	0.05
耕地面积（亩）	4.32	4.12
住房面积（平方米）	86.00	74.00
转租耕地年租金（元）	644.07	0
宅基地、住房总值（万元）	94470.43	98877.42
农用固定资产总值（元）	13000.48	13230.84
意愿住房年租金（元）	2504.36	0

数据来源：基于研究的调查数据。湖北省钟祥市样本数据统计截止到 2017 年底。

表 6-4 的数据显示，派出首个农民工的农户家庭与纯农村家庭的宅基地面积、耕地面积、住房面积相近，但派出首个农民工的农户家庭的农用固定资产总值低于纯农村家庭。

派出首个农民工的农户家庭耕地耕种方式与纯农村家庭耕地耕种方式

比较如表 6-5 所示。

表 6-5 派出首个农民工的农户家庭耕地耕种方式与纯农村家庭耕地耕种方式比较

(%)

耕地耕种方式	派出首个农民工的农户家庭	纯农村家庭(对照家庭)
保留耕地自种	19.89	19.63
保留耕地，有偿流转	53.41	59.42
入股分红	9.54	4.97
给市民身份则无偿放弃	3.27	2.62
给市民身份则有偿放弃	8.72	9.16
其他方式	5.18	4.19

数据来源：基于研究的调查数据。湖北省钟祥市样本数据统计截止到 2017 年底。

表 6-5 的数据显示，两类家庭上述各数据基本相同，大多数选择“保留耕地，有偿流转”。从数据看，派出首个农民工的农户家庭耕地耕种方式与纯农村家庭(对照家庭)差别不大。

派出首个农民工的农户家庭宅基地和耕地处置意愿与半迁移农户家庭宅基地和耕地处置意愿比较如表 6-6 所示。

表 6-6 派出首个农民工的农户家庭宅基地和耕地处置意愿与半迁移农户家庭宅基地和耕地处置意愿比较

(%)

耕地处置方式	派出首个农民工的农户家庭	半迁移农户家庭(对照家庭)
保留备用(在使用)	69.11	35.05
有偿转让	15.99	6.59
现金补偿	3.25	0
置换住房	10.03	0
闲置(没有使用)	1.63	58.36

数据来源：基于研究的调查数据。湖北省钟祥市样本数据统计截止到 2017 年底。

表 6-6 的数据显示，近 70%的派出首个农民工农户家庭选择保留宅基地，农村资产中的宅基地仍然是派出首个农民工农户家庭的最可靠保障，也是外出务工迁移过程中的主要障碍。可见，在城市接纳方式的选择中，需要优先考虑农户家庭宅基地和耕地保障与处置问题。

根据调查，派出首个农民工的农户家庭对城市环境与制度的了解和应用状况如表 6-7 所示。

表 6-7 派出首个农民工的农户家庭对城市环境与制度的了解和应用状况

指标	数据
确知各种保险含义比率(%)	0
企业为务工人员缴纳“五险一金”比率(%)	35.670
愿意购买保险比率(%)	2.500
企业或政府负担 50%，愿意购买保险比率(%)	86.000
对《劳动法》《工伤保险条例》等法律法规的了解程度(%)	22.500
具有法律维权意识比率(%)	70.000
愿意用法律维权比率(%)	70.000
法律维权作用评价均值(1~10)	7.567
劳务合同签订率(%)	80.230
合同条款了解程度均值(1~10)	7.667
合同条款修订率(%)	0
合同未修订时，合同条款公平性均值(1~10)	8.400
合同保护合法权益能力均值(1~10)	7.633
未签订合同时，就业权益保护信心均值(1~10)	0
城市总体环境评价均值(1~10)	4.020
城市政治环境评价均值(1~10)	4.030
城市经济环境评价均值(1~10)	4.050
城市文化环境评价均值(1~10)	4.080

数据来源：基于研究的调查数据。湖北省钟祥市样本数据统计截止到 2017 年底。

表 6-7 的数据显示，派出首个农民工的农户家庭对城市的环境和制度有所了解，其中一些制度在农民工中已经得到应用，特别是劳务合同签订率已经达到 80.230%。

根据调查，派出首个农民工的农户家庭定居城市意愿及主要障碍如表 6-8 所示。

表 6-8 派出首个农民工的农户家庭定居城市意愿及主要障碍 (%)

定居城市意愿	定居	不定居	不确定
	73.24	20.08	6.12
主要障碍	经济原因	制度原因	风险因素
	54.33	24.67	20.67

数据来源：基于研究的调查数据。湖北省钟祥市样本数据统计截止到2017年底。

表6-8的数据显示，派出首个农民工的农户家庭的定居城市意愿相对较高，为73.24%，这一点为农户家庭迁移提供了基本的意愿保障。54.33%的派出首个农民工的农户家庭认为定居城市的最大障碍是经济原因，可见，对于派出首个农民工的农户家庭，需要解决的主要是经济方面的问题。

派出首个农民工的农户家庭希望政府为其定居城市提供的保障如表6-9所示。

表 6-9 派出首个农民工的农户家庭希望政府为其定居城市提供的保障 (%)

保障项目	数据
最低工资保障	56.3
保障性住房或廉租房保障	12.0
社会保障	1.6
医疗条件保障	7.6
工作、生活环境保障	9.6
子女教育条件保障	3.6
权益保障	2.5
其他保障	6.8

数据来源：基于研究的调查数据。湖北省钟祥市样本数据统计截止到2017年底。

表6-9的数据显示，对于派出首个农民工的农户家庭，政府首先需要解决农民工的最低工资水平问题，保障性住房或廉租房保障问题，工作、生活环境和医疗条件保障问题。一些企业会根据职位高低和工种不同，给每一位劳动者缴纳"五险一金"，有公积金就更容易获得在当地购房的贷款，极大地提升了农民工个人的购房能力；同时，这种保障还体现在企业或产业的容纳空间极强，只要员工不主动离职，企业基本上可以一直持续

经营和容纳员工，一般不存在因没有订单而解雇员工的情况。因此，在规范性企业上班的外来农民工都是工作年限较长的老员工，很少有员工离职。在企业经营规模扩大的过程中，由老员工传帮带年轻员工，逐步提升年轻员工技能；员工整体队伍的流动性较弱，固定性强。这种强保障性体现为一种制度化社会保障，给农民工个体带来了较为稳定且长期的“生活—工作”一体化预期，促使他们更愿意实施迁移行为，长久地在城市定居下来。

派出首个农民工的农户家庭选择定居农村的原因分布如表 6-10 所示。

表 6-10 派出首个农民工的农户家庭选择定居农村的原因分布 （%）

原因	数据
生活压力小	28.25
生态环境好	13.84
人员熟悉	21.47
消费水平低	22.88
生活习惯	12.71

数据来源：基于研究的调查数据。湖北省钟祥市样本数据统计截止到 2017 年底。

表 6-10 的数据显示，派出首个农民工的农户家庭选择定居农村（不迁移）原因的排序是生活压力小、消费水平低、人员熟悉等。若想激励派出首个农民工的农户家庭迁移城市，需要解决的主要问题是缓解城市生活压力、降低物价水平、加强首个农民工的社会联系与社区服务等。在数字化时代，很多青年农民工进入劳动力市场，但是不愿意和老一辈农民工一样从事建筑等苦累脏的工作，更愿意进入企业或工厂从事更加智能化、程序化和规范化的工作，这类工作无须忍受风吹日晒，不用承担健康风险和职业风险，即所谓的比较体面的职业；一些正规工作根据合同处理事务，比较讲究契约精神，奖惩分明，相对比较公平，也很少出现同工不同酬、工伤赔付等经济纠纷，甚至还会组织一些公益和团建活动提高员工的归属感，在这种条件下，农民工感受到了作为主体的尊严和价值，提升了他们在城市长期工作和生活的信心。

派出首个农民工的农户家庭选择定居城市原因分布如表 6-11 所示。

表 6-11 派出首个农民工的农户家庭选择定居城市原因分布 (%)

原因	派出首个农民工的农户家庭
教育条件好	44.17
社保水平高	2.78
基本生活条件好	36.94
就业稳定，有低保、下岗扶持	5.28
福利水平高	6.39
有保障性住房或廉租房	1.11
身份平等	2.50

数据来源：基于研究的调查数据。湖北省钟祥市样本数据统计截止到 2017 年底。

表 6-11 的数据显示，派出首个农民工的农户家庭选择定居城市主要考虑的是提高教育条件、生活条件，这是城市在确定接纳派出首个农民工农户家庭时应考虑的主要问题。

派出首个农民工的农户家庭选择定居地点分布与户均月结余如表 6-12 所示。

表 6-12 派出首个农民工的农户家庭选择定居地点分布与户均月结余

定居地选择	比例(%)	需要的户均月结余(元)
省会或副省级城市	21.00	2156.00
地级市	21.67	3210.07
县城或小城镇	12.67	1901.10
打工地	9.80	3901.06
不是农村就行	34.33	1321.47

数据来源：基于研究的调查数据。湖北省钟祥市样本数据统计截止到 2017 年底。

表 6-12 的数据显示，由于派出首个农民工的农户家庭仅有一个农民工外出务工，对定居城市的概念不够了解。意愿定居地选择也比较分散，12.67%的选择县城或小城镇，21.00%的选择省会或副省级城市，21.67%的选择地级市，9.80%的选择打工地，34.33%认为不是农村就行。派出首个农民工农户家庭认为，定居选择县城或小城镇、省会或副省级城市、地级市最少需要家庭月结余分别为 1901.10 元、2156.00 元、3210.07 元；定居选择打工地最少需要家庭月结余为 3901.06 元。总体认为，派出首个农

民工的农户家庭不愿意定居城市的主要原因是家庭月结余没有达到定居的收入水平。“不是农村就行”选项占比 34.33%的现象说明，派出首个农民工的农户家庭存在强烈的离开农村到城市生活的愿望。

6.1.2 农户家庭派出的首个农民工基本情况调查数据

首个外出农民工的自身条件、务工年数、务工地点、务工行业和务工单位分布，城市务工收入、城市生活成本、生活状况，首个外出农民工入城渠道等都会影响家庭是否继续增加进城务工人员的决策，也会影响带动非劳动力迁移城市的决策。

农户家庭的首个农民工城市务工状况的调查如下。

派出的首个农民工职业技能和技能培训情况如表 6-13 所示。

表 6-13　派出的首个农民工职业技能和技能培训情况　（%）

农民工职业技能		农民工技能培训	
无技能等级	50.63	没有参加	50.63
初级技工	26.78	学徒工	27.64
中级技工	15.70	自费技能培训	10.01
高级技工	3.78	政府组织培训	10.71
技师	1.01	企业组织培训	1.01
高级技师	2.10		

数据来源：基于研究的调查数据。湖北省钟祥市样本数据统计截止到 2017 年底。

表 6-13 的数据显示，派出首个农民工农户家庭中派出的首个农民工一般是家庭成员中文化最高且有能力在城市生存者。但首个外出农民工技能仍然很低，接受培训较少。首个外出农民工有职业技能等级的仅占 49.37%，其中，初级技工占 26.78%，学徒工占 27.64%，没参加过技能培训的占 50.63%，难以满足城市就业要求。① 当前首个外出农民工处于不能在城市定居，也不能回流农村务农的两难境地，因为访谈中他们直言，自己也没有务农的技能。可见，被调查的首个外出农民工的职业技能较差，技

① 据中国劳动力市场网的统计，城市劳动力市场中需求量最大的是受过专门职业教育、具有一定专业技能的中专、职高和技校水平的劳动力，占总需求的 60%左右。

能培训状况也不理想，这是城市接纳农户家庭定居需要解决的首要问题。

派出的首个农民工的务工年数如表 6-14 所示。

表 6-14　派出的首个农民工的务工年数

务工时间分段	农民工务工时间占比(%)	当前城市务工时间占比(%)	当前每人务工年数占比(%)
1 年以下	9.10	15.18	27.91
1~3 年	55.30	37.94	41.73
4~5 年	20.60	18.43	14.63
6~9 年	35.60	14.63	7.32
10~14 年	0	5.96	4.34
15~19 年	0	2.98	2.17
20 年及以上	0	4.88	1.90

数据来源：基于研究的调查数据。湖北省钟祥市样本数据统计截止到 2017 年底。

表 6-14 的数据显示，在派出的首个农民工中，有 55.30%的首个农民工的务工年数在 1~3 年。① 当前每人务工时间一般为 3 年以下，占 69.64%，说明农户家庭派出的首个农民工工作性质不稳定，总体流动性较大。

派出的首个外出农民工近 3 年变换单位情况如表 6-15 所示。

表 6-15　派出的首个外出农民工近 3 年变换单位情况　(%)

变换单位数量	占比
没有变换	10.4
1 家单位	30.6
2 家单位	20.7
3 家单位	18.3
4 家及以上单位	20.0

数据来源：基于研究的调查数据。湖北省钟祥市样本数据统计截止到 2017 年底。

表 6-15 的数据显示，首个外出农民工工作依然不稳定、流动性较大，有 38.3%的首个外出农民工近 3 年更换过 3 家及以上单位；有 59%的首个

① 数据来自迁移但未定居农户家庭，包括有多个农民工但没有全部迁移的家庭。

外出农民工近3年更换过2家及以上单位。

首个外出农民工务工地点、务工行业和务工单位分布如表6-16所示。

表6-16 首个外出农民工务工地点、务工行业和务工单位分布 (%)

务工地点		务工行业		工作单位	
直辖市	3.4	制造业	26.7	国有企业	3.1
省会城市	5.6	建筑业	30.6	个体企业户	39.5
地级市	36.8	商业	10.7	私营企业	39.6
县级市	10.6	餐饮和家庭服务业	10.6	国家机关	1.2
县城或小城镇	20.0	交通运输业	14.6	其他	16.6
其他	23.6	农业	3.1		
		其他	3.7		

数据来源：基于研究的调查数据。湖北省钟祥市样本数据统计截止到2017年底。

表6-16的数据显示，外出农民工务工地点排序是地级市、县城或小城镇和县级市。行业排序是建筑业、制造业、交通运输业。单位性质排序是私营企业、个体企业户。首个外出农民工多选择就业风险低、收入稳定、能立即获得收入的行业。

2017年派出首个农民工农户家庭的收入情况如表6-17所示。

表6-17 2017年派出首个农民工农户家庭的收入情况 单位：元

指标	派出首个农民工农户家庭
家庭年收入	25896.13
城市务工储蓄或寄回家	19452.13

数据来源：基于研究的调查数据。湖北省钟祥市样本数据统计截止到2017年底。

表6-17的数据显示，首个外出农民工的工资收入明显增加了家庭总收入，提高了成本—收益率。2017年派出首个农民工农户家庭收入为25896.13元，其中储蓄或寄回家的现金为19452.13元。每月生活支出仅为537.00元，其中食品支出为288.64元，占总支出的53.75%；居住支出为248.36元，占总支出的46.25%，生活支出占比低于纯农村家庭。[①] 对

① 多数农民工务工单位负责解决食宿问题。

于首个外出农民工，城市接纳方式应以提高工资为主。

派出首个农民工农户家庭入城渠道分布情况如表 6-18 所示。

表 6-18 派出首个农民工农户家庭入城渠道分布情况 （%）

入城渠道类型	占比
独自进城	10.0
跟随家庭其他成员进城	30.6
因企业到农村招工进城	6.9
因社会亲情网络进城	14.7
因工头或政府组织进城	30.6
因民间中介机构进城	6.6
因其他途径进城	0.6

数据来源：基于研究的调查数据。湖北省钟祥市样本数据统计截止到 2017 年底。

表 6-18 的数据显示，10.0%的派出首个农民工农户家庭成员独自进城，30.6%是跟随家庭成员进城及因工头或当地基层政府组织进城，14.7%利用亲情关系进城。派出首个农民工农户家庭成员很少利用中介组织、企业到农村招工等方式进城务工。对于派出首个农民工农户家庭，城市接纳方式应注重加强农民工劳务组织建设和职业介绍部门建设。

6.2 派出首个农民工阶段农户家庭的成本—收入结构分析

根据调查数据，2018 年湖北省钟祥市派出首个农民工的农户家庭共有 69 户，其成本—收入结构情况如表 6-19 所示。

表 6-19 2018 年两类农户家庭的成本—收入结构

派出首个农民工的农户家庭				纯农村家庭（对照家庭）			
成本		收入		成本		收入	
农村生活成本（元）	5653.08	城市务工收入（元）	25465.60	农村生活成本（元）	3855.22	城市务工收入（元）	0
城市生活成本（元）	6444.00	城市就业率（%）	54.00	城市生活成本（元）	0	城市就业率（%）	0
居住成本（元）	3148.80	城市福利性收益（元）	430.53	居住成本（元）	0	城市福利性收益（元）	0

续表

派出首个农民工的农户家庭				纯农村家庭(对照家庭)			
成本		收入		成本		收入	
通信成本(元)	213.46	城市福利性收益获得率(%)	26.14	通信成本(元)	0	城市福利性收益获得率(%)	0
医疗成本(元)	576.68	农村资产收入(元)	1436.33	医疗成本(元)	577.66	农村资产收入(元)	1336.23
教育成本(元)	1305.06	农村务工、务农收入(元)	15642.20	教育成本(元)	1125.96	农村务工、务农收入(元)	16195.16
其他成本(元)	5312.76	农村福利性收益(元)	878.07	其他成本(元)	5911.70	农村福利性收益(元)	1186.72
流动成本(元)	682.03	农村福利性收益获得率(%)	50.07	流动成本(元)	0	农村福利性收益获得率(%)	49.12
总成本(元)	23335.87	其他收入(元)	9016.17	总成本(元)	11470.54	其他收入(元)	15160.71
		总收入(元)	52868.9			总收入(元)	33878.82

数据来源:基于研究的调查数据。

表6-19的数据显示,2018年派出首个农民工的农户家庭年均收入为52868.9元,面对的城市就业率为54.00%;由于派出首个农民工的农户家庭的城市务工收入和城市福利收益不确定,农村务工、务农收入,农村福利性收益又低于纯农村家庭,因此整个家庭在农村的生活水平受到影响。派出首个农民工的农户家庭共同承担迁移成本,比纯农村家庭的农村生活成本高,这是由家庭成员的契约安排决定的。可见,派出首个农民工初期会使整个家庭在农村的生活水平受到影响,比纯农村家庭的农村生活成本高,但派出首个农民工的农户家庭净收益也较高。由于城市政策不利于外来流动人口在城市安居乐业,其无法持续在服务业岗位上积累经验,如很多外卖小哥觉得做半年、一年就要走,从来没有想过稳定就业。这不是职业问题,而是农民工的社会保障和城市公共政策问题。

6.3　派出首个农民工阶段农户家庭的决策影响因素分析

由调查数据可知，有多个变量显著影响了派出首个农民工的农户家庭的决策。

人力资源中的成员结构对派出首个农民工的农户家庭迁移决策有显著正向影响。劳动力数量多、比重大则家庭收入状况相对较好，而同时子女、老人数量少，负担也相对较轻，更倾向于派出首个农民工，家庭成员和数量较多也更倾向于派出首个农民工。纯农村家庭在农村生产生活稳定、收入稳定的状态下不倾向于选择主动派出首个农民工。前期已外出的农民工若在农村的家庭效用提高，也会选择回流或不再外出。

家庭农村经营收入、家庭人均支出(包括教育、医疗支出)对派出首个农民工均有显著负向影响。① 家庭资产数量对派出首个农民工决策产生负向影响。拥有较多农村资产的家庭趋向于从事农业生产劳动，派出首个农民工外出务工意愿不强。家庭人均受教育年限对派出首个农民工决策有显著正向影响，人力资本增加会提高城市务工收入。

农村资产处置意愿对派出首个农民工决策具有显著正向影响。耕地有偿流转、入股分红、房产有偿转让、置换城镇住房政策促进首个农民工外出务工。

城市环境评价和就业环境对派出首个农民工的迁移决策有显著正向影响。家庭对城市环境评价高会对首个农民工外出务工有显著正向影响。从人口角度来讲，服务业就业岗位大量集中在城市。研究发现，一个农村居民进城工作越早，进入服务业的概率就越大，收入就越高。当前城市的很多发展政策不利于给流动人口提供在城市安居乐业、积累经验的机会，这是当前面临的巨大挑战。

在数字化条件下，农民工身份在不同职业间切换，一个人很可能同时是网约车司机，又是直播带货的主播，兼业的行为将普遍存在，互联网平

① Stark O. Migration in less development countries：risk，remittances and family[J]. Finance and Development，1991(4).

台是农户乡—城迁移决策的主要影响因素，具有数字化技术应用能力、产品协同能力、项目管理能力的人才及应用型人才能把新技术应用在不同的实践场景中，对业务流程进行优化，如供应链、价值链、生态链的优化，在采购、生产、营销、维护、库存等环节，优化项目运营管理流程，提升产业链条业务价值与运营效率。在复杂多变的业务场景中，灵活解决问题，实现柔性生产和管理。

数字化技能水平。在数字化时代，掌握数字技能的农民工比传统农民工更具优势。第一，抗风险能力较弱的农民工创办的小微企业和初创企业，在规避风险方面，由于数字化转型经验不足，可能在开拓市场方面处于劣势地位。第二，在数字化时代，当企业为了扩大规模需要更多人才时，往往招聘不到合适的员工。农民工的数字化能力不足，使之就业创业面临困境。第三，利用新媒体直播等精心推广，把优质的绿色产品推向消费者，拓宽销售渠道，以实现农民工增收，还有很长的路要走。

6.4 小结

农户家庭的首个家庭劳动力进城务工是“链式迁移”的第一个链条，是从纯农村家庭向融入城市的状态转变，是家庭成员城乡配置、家庭收支变化、生活环境变化的开始。影响派出首个农民工的农户家庭此阶段决策的主要因素有家庭成员、劳动力结构、成本—收益差异、耕地等处置意愿、农村福利、城市整体环境。

与纯农村家庭比较研究的结论：派出首个农民工的农户家庭劳动力数量高于纯农村家庭，说明派出首个农民工的农户家庭有剩余劳动力，即派出首个农民工的农户家庭农村劳动力数量较多，可派出首个外出农民工。派出首个农民工初期会使整个家庭在农村生活水平受到影响，其生活成本比纯农村家庭的农村生活成本高，但净收益也高，基于成本—收益分析，派出首个农民工农户家庭处于正收益状态。

对派出首个农民工的农户家庭此阶段决策有正向影响的因素按程度排序为：家庭劳动力数量多、城市整体环境评价好、子女老人数量少、家庭成员数量多、劳动力结构合理、耕地等处置意愿强。对派出首个农民工的农户家庭此阶段决策有负向影响的因素按程度排序为：农村社区福利性收益高、家庭成员数量少、家庭劳动力数量少。

为促进农户家庭派出首个农民工外出务工需要解决的问题有：①加强职业技能培训，提升农民工的数字化技能水平；②解决农户家庭宅基地、住房和耕地处置问题，加速农村土地流转势在必行；③提供城市用工信息和渠道，建立农民工就业的数字化平台，解决城市就业信息不对称问题；④提高务工性工资收入，降低首个外出农民工的打工成本—收益比。

对城市接纳方式选择的启示：一般来说首个外出农民工的职业技能较差，技能培训状况也不理想，城市接纳首个外出农民工需要加强职业技能培训。此外，派出首个农民工农户家庭已经开始考虑家庭宅基地、住房和耕地保障及处置问题，所以，加快农村土地流转非常必要。首个外出农民工很少利用中介组织、企业到农村招工等方式进城务工。城市接纳首个外出农民工时，应注重加强农民工劳务组织建设和职业介绍中介机构建设，同时加强数字化平台机构建设。首个外出农民工注重在城市务工的经济收入，城市接纳方式选择要以提高工资为主，以提升财产性收入为辅。

7 半迁移阶段农户家庭迁移决策与迁移行为分析

在数字化时代，数字化技术、大数据在劳动力市场供求均衡中的作用日趋重要，并在农民工就业的影响因素中占据重要地位。在当前“数字中国”战略和“新型城镇化”推进背景下，与半迁移阶段农户家庭成员“链式迁移”的现实相对应的城市接纳方式和政策还有待深入研究。

7.1 半迁移阶段农户家庭的状态分析

半迁移农户家庭劳动力进城务工是“链式迁移”的第二个链条，其家庭成员(包括劳动力和非劳动力)在城乡间往返流动。家庭从派出首个农民工到城市务工开始，成员便进入城乡流动阶段，这一阶段是家庭成员不愿意“回流农村”又没有“定居城市”的“半迁移”阶段，此阶段的决策与其他类型家庭的决策方式及影响因素都有差异。如表 7-1 所示。

表 7-1 两类被访农户家庭成员总量与结构状况对比

农户家庭类型	农户家庭特征	决策阶段
半迁移农户家庭	部分成员城乡流动，家庭在城市没有住房，成员户籍在农村	举家迁移决策
举家迁移未定居农户家庭	全部成员城乡流动，家庭在城市没有住房，固定住地在农村，户籍在农村	定居城市决策

本章研究半迁移农户家庭成员在城乡间往返流动的迁移决策与迁移行

为。为进行比较，引入举家迁移未定居农户家庭数据进行对照，为研究城市选择对半迁移农户家庭的接纳方式奠定基础。

7.1.1 半迁移农户家庭的基本调查数据

半迁移农户家庭样本选择的是湖北省钟祥市家庭外出农民工数量大于1，但并没有全家迁移到城市，农村仍然有留守成员的农户家庭。样本数据中半迁移农户家庭有569户。为进行比较研究，本章将其与34户举家迁移未定居农户家庭的数据进行比较。如表7-2所示。

表7-2 两类农户家庭样本数据分布情况　　单位：户

样本总数	半迁移农户家庭	举家迁移未定居农户家庭（对照家庭）
603	569	34

数据来源：基于研究的调查数据。湖北省钟祥市样本数据统计截止到2017年底。

半迁移农户家庭数据包括家庭成员数量，家庭资产情况，劳动力数量与结构，家庭农村资产状况，家庭耕地经营类型，宅基地和耕地处置意愿，对城市环境与制度了解和应用状况，定居城市意愿与障碍状况，农民工城市务工状况（包括职业技能和技能培训状况，外出务工年数情况，务工地点、务工行业和务工单位分布），家庭年结余情况，收支结构，家庭收益结构等。

两类农户家庭成员数量与结构情况如表7-3所示。

表7-3 两类农户家庭成员数量与结构情况　　单位：人/户

成员结构	半迁移农户家庭	举家迁移未定居农户家庭（对照家庭）
成员总量	4.97	3.17
劳动力（在城市务工）	1.68	2.96
非劳动力（在城市）	0.20	0.21
劳动力（在农村务农）	1.84	0.00
非劳动力（在农村）	1.25	0.00
子女数量（未成年）	0.55	0.20
老人数量（不能劳动成员）	0.75	0.01

数据来源：基于研究的调查数据。湖北省钟祥市样本数据统计截止到2017年底。

表 7-3 的数据显示，半迁移农户家庭每个在城市务工的劳动力都平均带动了 0.12 个非劳动力随迁；举家迁移未定居农户家庭每个在城市务工的劳动力都平均带动了 0.07 个非劳动力随迁。举家迁移未定居农户家庭的户均成员数量小于半迁移农户家庭的户均成员数量，因为在城市务工的劳动力数量较多，举家迁移未定居农户家庭城市生活能力比半迁移农户家庭更强，在城市的非劳动力较多。半迁移农户家庭老人、子女数量多，倾向于选择留守生活，使在城市非劳动力的数量较少。

两类农户家庭农村资产情况如表 7-4 所示。

表 7-4　两类农户家庭农村资产情况

指标	半迁移农户家庭	举家迁移未定居农户家庭（对照家庭）
宅基地面积(亩)	0.06	0.08
耕地面积(亩)	3.71	4.14
住房面积(平方米)	82.74	109.56
转租耕地年租金(元)	4907.33	5007.33
宅基地、住房总值(万元)	107518.39	116652.67
农用固定资产总值(元)	8553.31	14764.82
意愿住房年租金(元)	3003.36	12905.17

数据来源：基于研究的调查数据。湖北省钟祥市样本数据统计截止到 2017 年底。

表 7-4 的数据显示，半迁移农户家庭宅基地面积、住房面积、耕地面积和农用固定资产总值数据均低于举家迁移未定居农户家庭，特别是半迁移农户家庭的意愿住房年租金远低于举家迁移未定居农户家庭，表现出半迁移农户家庭急切迁移到城市的意愿。举家迁移后，则意愿住房年租金提高，农村住房趋向于回归原来的价值。半迁移农户家庭也更愿意低价出租承包地，表现出离开农村生活的愿望。

两类农户家庭宅基地、住房处置意愿情况如表 7-5 所示。

表 7-5　两类农户家庭宅基地、住房处置意愿情况　（%）

宅基地、住房处置意愿	半迁移农户家庭	举家迁移未定居农户家庭（对照家庭）
保留备用	35.05	40.91
给城镇户口，有偿出让	6.59	9.09

续表

宅基地、住房处置意愿	半迁移农户家庭	举家迁移未定居农户家庭（对照家庭）
置换城市住房	0	0
其他方式	0	0
闲置(没有使用)	58.36	50.00

数据来源：基于研究的调查数据。湖北省钟祥市样本数据统计截止到2017年底。

表7-5的数据显示，半迁移农户家庭中有35.05%希望保留宅基地、住房；举家迁移未定居农户家庭中有40.91%希望保留宅基地、住房；半迁移农户家庭中有6.59%选择给城镇户口则有偿出让宅基地，而置换城市住房则没有农户家庭选择。半迁移农户家庭和举家迁移未定居农户家庭会保留房产备用以应对不确定现象。同时，两类家庭宅基地、住房闲置现象非常普遍，分别占58.36%、50.00%。所以，完善农村土地流转制度，使农村闲置宅基地、住房得到充分利用，是当前需要解决的重要问题。

两类农户家庭耕地处置方式如表7-6所示。

表7-6　两类农户家庭耕地处置方式 (%)

选择项	半迁移农户家庭	举家迁移未定居农户家庭（对照家庭）
家人耕种	80.88	20.77
亲友代种	5.84	27.69
耕地流转	7.61	35.38
其他情况	5.66	16.15

数据来源：基于研究的调查数据。湖北省钟祥市样本数据统计截止到2017年底。

表7-6的数据显示，半迁移农户家庭更趋向于选择家人耕种，占80.88%，高于举家迁移未定居农户家庭的20.77%；举家迁移未定居农户家庭更趋向于选择耕地流转方式，占35.38%；举家迁移未定居农户家庭存在其他情况(抛荒闲置)占比较高，为16.15%。

两类农户家庭城市环境与制度了解和应用状况调查①如表7-7所示。

① 孙战文. 农户家庭迁移决策与迁移行为研究[D]. 济南：山东农业大学，2013.

表 7-7　两类农户家庭城市环境与制度了解和应用状况调查

指标	半迁移农户家庭	举家迁移未定居农户家庭（对照家庭）
家庭了解各种保险含义比率(%)	66.70	78.30
农民工由企业缴纳“五险一金”比率(%)	45.47	55.60
农民工愿意购买保险比率(%)	48.20	61.80
家庭了解《劳动法》的程度(1~10)	2.86	3.58
家庭具有法律维权意识比率(%)	78.30	81.90
家庭愿意用法律维权比率(%)	77.30	86.90
家庭对法律维权作用评价(1~10)	7.72	8.39
农民工劳务合同签订率(%)	85.92	87.81
农民工对劳务合同条款了解程度(1~10)	7.86	7.92
农民工对合同条款修订率(%)	6.03	6.45
农民工认为劳务合同条款公平性(1~10)	7.14	7.62
农民工认为合同对保护权益的作用(1~10)	6.00	6.50
家庭对城市环境综合评价(1~10)	6.90	7.80
家庭对城市政治环境评价(1~10)	7.39	8.90
家庭对城市经济环境评价(1~10)	5.70	6.70
家庭对城市文化环境评价(1~10)	5.47	8.90

数据来源：基于研究的调查数据。湖北省钟祥市样本数据统计截止到 2017 年底。没有具体数量值，评价的均值区间为[1，10]，最差是 1，最优是 10。

表 7-7 的数据显示，半迁移农户家庭与举家迁移未定居农户家庭对城市环境与制度了解程度相似，但可能是工作条件和城市地位的原因，半迁移农户家庭对城市环境与制度评价得分相对较低，对企业有缴纳“五险一金”的要求，但愿意购买保险比率为 48.2%，低于举家迁移未定居农户家庭的 61.80%。半迁移农户家庭在农民工与企业签订劳务合同、法律维权意识等方面都比举家迁移未定居农户家庭对应的数据低。

两类农户家庭定居城市意愿与障碍状况调查如表 7-8 所示。

表 7-8 两类农户家庭定居城市意愿与障碍状况调查 (%)

	半迁移农户家庭			举家迁移未定居农户家庭（对照家庭）		
定居城市意愿	定居	不定居	不确定	定居	不定居	不确定
	10.5	68.0	21.5	32.3	49.6	18.1
主要障碍	经济原因	制度原因	风险因素	经济原因	制度原因	风险因素
	81.0	8.6	10.4	74.6	10.4	15.0

数据来源：基于研究的调查数据。湖北省钟祥市样本数据统计截止到 2017 年底。

表 7-8 的数据显示，在半迁移阶段，农户家庭定居城市的意愿并不高（占 10.5%），而选择不定居农户家庭却占 68.0%；而举家迁移未定居农户家庭选择定居城市的占 32.3%，相对有所提高。半迁移农户家庭和举家迁移未定居农户家庭都认为定居城市的主要障碍是经济原因。

两类农户家庭选择定居城市原因分布情况如表 7-9 所示。

表 7-9 两类农户家庭选择定居城市原因分布情况 (%)

原因	半迁移农户家庭	举家迁移未定居农户家庭（对照家庭）
教育条件好	42.9	38.6
社保水平高	3.3	6.3
生活条件好	36.4	33.1
就业稳定，有低保、下岗扶持	6.9	11.8
福利水平高	5.6	6.3
有保障性住房或廉租房	1.3	0.8
身份平等	2.0	0.6
子女高考容易	0.5	0.0

数据来源：基于研究的调查数据。湖北省钟祥市样本数据统计截止到 2017 年底。

表 7-9 的数据显示，半迁移农户家庭选择定居城市的原因是城市教育条件好(42.9%)、生活条件好(36.4%)，并且相对更加注重身份平等。在选择定居城市原因这个问题上，半迁移农户家庭和举家迁移未定居农户家庭的选择基本相同。

两类农户家庭希望政府为其定居城市提供的保障如表 7-10 所示。

表 7-10　两类农户家庭希望政府为其定居城市提供的保障　　(%)

保障项目	半迁移农户家庭	举家迁移未定居农户家庭（对照家庭）
最低工资保障	40.7	35.4
保障性住房或廉租房保障	13.2	24.4
社会保障	5.4	4.7
医疗条件保障	6.7	6.3
工作、生活环境保障	12.0	7.1
子女教育条件保障	13.1	9.4
权益保障	8.3	11.0
其他保障	0.5	1.6

数据来源：基于研究的调查数据。湖北省钟祥市样本数据统计截止到 2017 年底。

表 7-10 的数据显示，半迁移农户家庭希望政府为其定居城市提供的首要保障是提高农民工最低工资，占 40.7%。可见，提高农民工最低工资是政府最需要解决的问题，而举家迁移未定居农户家庭除希望提高农民工最低工资外，还希望政府为其提供保障性住房或廉租房。

两类农户家庭年结余情况如表 7-11 所示。

表 7-11　两类农户家庭年结余情况　　单位：元/户

指标	半迁移农户家庭	举家迁移未定居农户家庭（对照家庭）
城市务工年收入*	44004.82	55803.34
城市务工年结余**	18831.08	11423.21
储蓄或寄回家***	18831.08	11423.21

注：* 表示务工年收入与城市年均福利性收入之和；** 表示总城市收入减去城市生活年支出；*** 表示由于调查无法得到真实的“储蓄或寄回家”的数据，研究假设“城市务工年结余”全部储蓄或寄回家。

数据来源：基于研究的调查数据；湖北省钟祥市样本数据统计截止到 2017 年底。

表 7-11 的数据显示，半迁移农户家庭年结余为 18831.08 元/户，举家迁移未定居农户家庭年结余为 11423.21 元/户。半迁移农户家庭的年结余高于举家迁移未定居农户家庭，是从收入维度考虑的理想状态。

7.1.2　半迁移农户家庭农民工个体的基本调查数据

半迁移农户家庭农民工个体的基本调查数据包括：职业技能和技能培

训状况，外出务工年数情况，农民工务工地点、务工行业和务工单位分布情况，农民工更换单位情况，农民工在城市的工作和生活状况等。半迁移农户家庭农民工在城市的工作和生活状况决定着其向举家迁移未定居农户家庭阶段转变的动力，决定着城市劳动力数量或带动非劳动力进入城市的数量。

两类农户家庭农民工职业技能和技能培训情况如表 7-12 所示。

表 7-12　两类农户家庭农民工职业技能和技能培训情况　（%）

农民工职业技能情况	半迁移农户家庭	举家迁移未定居农户家庭（对照家庭）
无技能等级	50. 51	52. 46
初级技工	27. 54	28. 28
中级技工	15. 23	11. 89
高级技工	4. 57	4. 92
技师	1. 27	0. 41
高级技师	0. 89	2. 05
农民工技能培训情况	半迁移农户家庭	举家迁移未定居农户家庭（对照家庭）
没有参加	48. 98	50. 82
学徒工	25. 13	21. 72
自费技能培训	14. 97	15. 16
政府组织培训	3. 17	2. 87
企业组织培训	7. 74	9. 43

数据来源：基于研究的调查数据。湖北省钟祥市样本数据统计截止到 2017 年底。

表 7-12 的数据显示，举家迁移未定居农户家庭与半迁移农户家庭在技能和培训方面相似。半迁移农户家庭农民工无技能等级、无培训经历的占比均在 50%左右。举家迁移未定居农户家庭有 50%以上的农民工无职业技能、无参加培训经历。两类家庭的农民工都不能满足城市就业要求。

两类农户家庭农民工外出务工年数如表 7-13 所示。

表 7-13　两类农户家庭农民工外出务工年数　(%)

半迁移农户家庭	累计外出务工年数占比	当前城市务工年数占比	当前每人务工年数占比
1 年以下	6.3	16.4	26.8
1~3 年	20.6	32.2	37.4
4~5 年	16.8	18.5	17.0
6~9 年	24.9	16.0	9.4
10~14 年	15.0	8.5	5.5
15~19 年	7.7	3.8	2.7
20 年及以上	8.8	4.6	1.3
举家迁移未定居农户家庭(对照家庭)	累计外出务工年数占比	当前城市务工年数占比	当前每人务工年数占比
1 年以下	2.5	5.3	18.9
1~3 年	12.7	23.4	36.5
4~5 年	17.2	22.5	19.3
6~9 年	32.0	21.7	12.7
10~14 年	19.7	13.9	5.3
15~19 年	9.0	6.1	4.9
20 年及以上	7.0	7.0	2.5

数据来源：基于研究的调查数据。湖北省钟祥市样本数据统计截止到 2017 年底。

表 7-13 的数据显示，举家迁移未定居农户家庭的农民工就业较稳定。半迁移农户家庭累计外出务工年数多是 1~3 年、6~9 年；举家迁移未定居农户家庭累计外出务工年数多是 6~9 年、10~14 年。

两类农户家庭农民工近 3 年更换单位情况如表 7-14 所示。

表 7-14　两类农户家庭农民工近 3 年更换单位情况　(%)

更换单位数量	半迁移农户家庭	举家迁移未定居农户家庭（对照家庭）
无更换单位	19.1	39.13
更换 1 家单位	20.2	26.79
更换 2 家单位	21.6	21.74

续表

更换单位数量	半迁移农户家庭	举家迁移未定居农户家庭（对照家庭）
更换 3 家单位	37.4	8.70
更换 4 家单位	1.7	4.35

数据来源：基于研究的调查数据。湖北省钟祥市样本数据统计截止到 2017 年底。

表 7-14 的数据显示，近 3 年有 60.7%的半迁移农户家庭农民工更换过 2 家及以上的单位；近 3 年有 34.79%的举家迁移未定居农户家庭的农民工更换过 2 家及以上的单位。这说明举家迁移未定居农户家庭在城市就业更稳定。

两类农户家庭农民工务工地点、务工行业和工作单位分布情况如表 7-15 所示。

表 7-15　两类农户家庭农民工务工地点、务工行业和工作单位分布情况　（%）

分类		半迁移农户家庭	举家迁移未定居农户家庭（对照家庭）
务工地点	直辖市	7.7	12.3
	省会(副省级)城市	23.0	25.4
	地级市	29.6	20.1
	县级市	19.2	25.8
	县城或小城镇	17.0	16.4
	农村	3.6	0.0
务工行业	工业	22.1	23.4
	建筑业	29.9	19.7
	商业	9.5	9.4
	餐饮和家庭服务业	14.8	22.5
	交通运输业	6.6	6.6
	农业	2.7	1.6
	其他	14.3	16.8
工作单位性质	国有企业	6.0	11.9
	个体工商户	36.8	38.1
	私营企业	42.6	35.7
	国家机关	3.2	2.9
	其他	11.4	11.5

数据来源：基于研究的调查数据。湖北省钟祥市样本数据统计截止到 2017 年底。

表7-15的数据显示，两类家庭农民工务工地点和行业选择差异较大。半迁移农户家庭农民工务工地点主要是地级市、省会(副省级)城市、县级市、县城或小城镇；选择行业主要为建筑业、工业、餐饮和家庭服务业，因为这些行业就业率高、收入有保障。举家迁移未定居农户家庭农民工务工地点主要是县级市、省会(副省级)城市、地级市；行业选择主要为工业、餐饮和家庭服务业、建筑业。

两类农户家庭农民工进入城市渠道分布情况如表7-16所示。

表7-16　两类农户家庭农民工进入城市渠道分布情况　(%)

进入城市渠道	半迁移农户家庭	举家迁移未定居农户家庭(对照家庭)
自己进城	21.1	13.0
跟随家庭其他成员进城	22.2	33.5
因企业到农村招工进城	5.9	13.0
因社会亲情网络进城	13.7	13.0
因工头或政府组织进城	30.2	17.4
因民间中介机构进城	5.2	7.2
因其他途径进城	1.8	2.8

数据来源：基于研究的调查数据。湖北省钟祥市样本数据统计截止到2017年底。

表7-16的数据显示，半迁移农户家庭农民工占比最多的是因工头或政府组织进城(占30.2%)，而举家迁移未定居农户家庭的农民工占比最多的是跟随家庭其他成员进城(占33.5%)，有“链式迁移”特征。有21.1%的半迁移农户家庭农民工自己进城，22.2%跟随家庭其他成员进城，是部分成员先迁移、其他成员随迁的有序过程，先进入城市的家庭成员积累了城市务工经验，降低了随迁者的风险。

7.2　半迁移阶段农户家庭的成本—收入分析

根据调查数据，半迁移农户家庭共569户，其成本—收入结构如表7-17所示。为进行比较研究，数据同时列出了举家迁移未定居农户家庭的相关对照数据，举家迁移未定居农户家庭共34户。

表 7-17 半迁移农户家庭与举家迁移未定居农户家庭的成本—收入结构对比

半迁移农户家庭				举家迁移未定居农户家庭(对照家庭)			
成本		收入		成本		收入	
农村生活成本(元)	6918.00	城市务工收入(元)	38453.70	农村生活成本(元)	0	城市务工收入(元)	91950.00
城市生活成本(元)	25173.02	城市就业率(%)	76.60	城市生活成本(元)	44380.13	城市就业率(%)	84.10
居住成本(元)	10402.64	城市福利性收益(元)	335.70	居住成本(元)	6340.13	城市福利性收益(元)	591.30
通信成本(元)	790.17	城市福利性收益获得率(%)	21.10	通信成本(元)	657.38	城市福利性收益获得率(%)	23.10
医疗成本(元)	790.17	农村资产收入(元)	3295.88	医疗成本(元)	457.41	农村资产收入(元)	2000.00
教育成本(元)	1843.24	农村务工、务农收入(元)	1153.57	教育成本(元)	3320.00	农村务工、务农收入(元)	110.87
其他成本(元)	4890.47	农村福利性收益(元)	889.40	其他成本(元)	4700.00	农村福利性收益(元)	712.86
流动成本(元)	883.33	农村福利性收益获得率(%)	23.10	流动成本(元)	177.00	农村福利性收益获得率(%)	23.10
总成本(元)	51691.04	其他收入(元)	5900.74	总成本(元)	60032.05	其他收入(元)	11108.33
		总收入(元)	50028.99			总收入(元)	106473.16

数据来源：基于研究的调查数据。湖北省钟祥市样本相关时点数据统计截止到 2017 年底。

表 7-17 的数据显示，半迁移农户家庭总成本、总收入都低于举家迁移未定居农户家庭，农户家庭总成本、总收入随迁移过程同步增长。

半迁移农户家庭和举家迁移未定居农户家庭都没有被城市完全接纳，城市福利性收益获得率较低。半迁移农户家庭教育成本相对较低，家庭子女中途辍学现象较为明显。[①] 半迁移农户家庭的工资水平、就业人数相对于举家迁移未定居农户家庭较低。举家迁移未定居农户家庭在城市务工收入较高，但农村资产收入、农村务工务农收入、农村福利性收益较半迁移农户家庭有所下降。

在乡—城迁移过程中，许多高学历青年农民工在体制内就业的偏好日益提升，不少大学生非公务员岗位不选、非体制内工作不进，既导致了大量“高智低岗”“高能低岗”等劳动力市场配置的扭曲现象，也因众多慢就业、不就业行为的不断蓄积而使青年群体的失业率居高不下。

7.3 半迁移阶段农户家庭的决策影响因素分析

(1)家庭成员数量。调查发现，半迁移农户家庭老人、子女数量多，倾向于选择留守生活，使在城市的非劳动力数量较少。举家迁移未定居农户家庭和半迁移农户家庭每个在城市务工的劳动力分别带动了 0.12 个和 0.07 个非劳动力随迁。

(2)家庭效用。随着农村家庭效用提高，前期已外出农民工也会选择回流或不再派出农民工。家庭农村经营收入增加对半迁移农户家庭再派出农民工行为有显著负向影响。拥有较多农村资产的家庭趋向于从事农业生产劳动，再派出农民工外出务工意愿不强。家庭人均受教育年限对再派出农民工决策有显著正向影响。

(3)农村资产处置意愿。农村资产处置意愿对再派出农民工决策具有显著正向影响。耕地有偿流转、入股分红、房产有偿转让、置换城镇住房政策促进再派出农民工外出务工。

(4)城市环境评价水平。城市环境评价水平对再派出农民工外出务工决策有显著正向影响。城市是否具有良好的营商环境，能否有效激活民间投资，是否有利于农民工创新创业，是否能催生更多新的经济增长点，显

① 斯坦福大学农村教育行动项目(Rural Education Action Program)组根据中国第六次人口普查的数据，推算了中国 25~64 岁的劳动力中受过高中教育的比例约占 23%，最重要的是城乡之间的差距，农村地区这一比例只有 8%，而城市地区这一比例为 37%。

得非常重要。

(5)健全灵活就业机制。在数字化条件下，农民工在不同职业之间的切换以及兼业的行为，恰恰是一种就业者的“自我保险机制”。面对失业风险，灵活就业也成了风险化解机制，是其他职业不稳定的避风港。我们对灵活就业负面的东西强调太多，其实灵活就业本身提供了多样的生活可能性，可以为持续就业提供可能的渠道。

7.4 小结

半迁移农户家庭劳动力进城务工是“链式迁移”的第二个链条，家庭成员在城乡间流动。农村家庭从派出首个农民工到城市务工开始，成员便进入城乡流动阶段，这一阶段是家庭成员不愿意“回流农村”，又没有“定居城市”的“半迁移”阶段。

影响半迁移农户家庭此阶段决策的主要因素有：年龄(负向影响)、农民工技能培训状态(负向影响)、城乡距离(负向影响)、制度性风险(负向影响)、进入城市途径(正向影响)、耕地处置意愿(正向影响)、城市福利性收益(正向影响)、从事农业生产年数(负向影响)、家庭农村经营收入(负向影响)、农村家庭人均支出(包括教育、医疗支出)(正向影响)、出租承包地价格(正向影响)、更换工作单位频率(负向影响)、部分成员先迁移其他成员随迁(正向影响)、城市福利性收益获得率(正向影响)。

与举家迁移未定居农户家庭比较研究的结论为：举家迁移未定居农户家庭的户均成员数量少于半迁移农户家庭，因为在城市务工的劳动力数量较多，举家迁移未定居农户家庭城市生活能力比半迁移农户家庭更强，在城市的非劳动力较多。举家迁移未定居农户家庭子女、老人数量相对较少，有序迁移特征明显，成员定居城市的意愿更强烈。

影响半迁移农户家庭此阶段决策的主要因素排序如下：正向影响按程度从大到小排序：农户家庭对城市环境与制度了解程度提高、农民工外出务工时间长、农户家庭人均受教育年限提高、城市非劳动力数量较少。负向影响按程度从大到小排序：农民工技能培训少、城乡距离远、制度性风险大、进入城市途径少、耕地处置意愿不强、城市福利性收益少、家庭农村经营收入增加或人均支出减少。

对城市接纳方式选择的启示有：增加农民工外出务工时间长度，设法让农民工长期外出务工；提高半迁移农户家庭对城市环境与制度的了解程度；提升农村基础教育水平，提高农户家庭成员受教育年限；设法让农民工在居住地附近城市务工；拓宽农民工进入城市务工渠道；提高农民工在务工城市的福利性收益。

8 定居城市阶段农户家庭迁移决策与迁移行为分析

在数字化时代，数字化技术、大数据在劳动力市场供求均衡中的作用日趋重要，并在农民工就业的影响因素中占据重要地位。在当前“数字中国”战略和“新型城镇化”推进背景下，与定居城市阶段农户家庭成员“链式迁移”的现实相应的城市接纳方式和政策还有待深入研究。

8.1 定居城市阶段农户家庭的状态分析

从举家迁移未定居农户家庭向举家迁移定居农户家庭状态转变是“链式迁移”的第三个链条，是“定居城市阶段”，是农户家庭完成市民化进程中的关键环节之一。定居城市农民工指家庭成员全部生活在城市，但又没有真正、完全地融入城市，成为真正的市民。具体内容如表 8-1 所示。

表 8-1 两类被访农户家庭状况对照

农户家庭状态	农户家庭特征	决策阶段
举家迁移未定居农户家庭	全部成员城乡流动，家庭在城市没有住房，固定住地在农村，成员户籍在农村	定居城市决策
举家迁移定居农户家庭	全部成员迁入城市，在城市有家庭式独立居所，成员户籍在农村	融入城市决策

比较未定居农户家庭与定居农户家庭的决策选择，可以说明农户家庭

定居城市的决策过程。运用调查数据可以确定影响农户家庭定居决策的因素及其影响程度，为研究城市对举家迁移农户家庭的接纳方式奠定基础。此阶段的家庭与其他类型家庭的决策方式及影响因素都有差异。在研究中为进行比较，引入举家迁移未定居农户家庭的数据进行比较。

8.1.1 定居城市阶段农户家庭的基本调查数据

研究从湖北省钟祥市统计局收集到样本数据 400 个，最终得到 318 户有效样本数据；从湖北省钟祥市调查队收集到样本数据 400 个，最终得到 368 户有效样本数据，数据统计截止到 2017 年 12 月底。其中，样本数据中有举家迁移未定居农户家庭 34 户，举家迁移定居农户家庭 29 户。

农户家庭的数据包括家庭成员数量、成员结构、子女(未成年)数量、老人(不能劳动成员)数量；家庭农村资产状况、家庭收支结构、生产(生活)变动、家庭耕地经营类型，宅基地、住房和耕地处置意愿，对城市环境与制度了解和应用状况；农民工城市务工状况，包括职业技能和技能培训状况、外出务工年数，以及农民工务工地点、务工行业和务工单位分布等。

举家迁移农户家庭成员数量与结构统计如表 8-2 所示。

表 8-2 举家迁移农户家庭成员数量与结构统计 单位：人/户

家庭成员结构	举家迁移未定居农户家庭（对照家庭）（钟祥市）	举家迁移定居农户家庭（武汉市）
成员总量	3.17	4.00
劳动力(在城市务工)	2.96	3.24
非劳动力(在城市)	0.21	0.76
劳动力(在农村务农)	0	0
非劳动力(在农村)	0	0
子女(未成年)数量	0.20	0.44
老人(不能劳动成员)数量	0.01	0.32

数据来源：基于研究的调查数据。湖北省钟祥市样本数据统计截止到 2017 年底。湖北省武汉市东西湖区的样本数据统计截止到 2018 年 10 月底。

表 8-2 的数据显示，举家迁移未定居农户家庭成员数量小于举家迁移定居农户家庭成员数量，分别为 3.17 人/户、4.00 人/户，在城市非劳动力的数量分别为 0.21 人/户、0.76 人/户。定居农户家庭在城市的老人(不能劳动成员)数量增加说明其可负担定居城市的成本；子女(未成年)数量增加说明家庭收入已能负担家庭定居城市后的教育性支出。

举家迁移农户家庭农村资产状况如表 8-3 所示。

表 8-3　举家迁移农户家庭农村资产状况

指标	举家迁移未定居农户家庭(对照家庭)(钟祥市)	举家迁移定居农户家庭(武汉市)
宅基地面积(亩)	0.08	0.07
耕地面积(亩)	4.14	2.66
住房面积(平方米)	109.60	96.60
宅基地、住房估值(元)	116652.17	186896.55
意愿住房年租金(元)	12905.17	23000.00
转租耕地年租金(元)	4907.33	3742.60
农用固定资产总值(元)	14764.82	3892.00

数据来源：基于研究的调查数据。湖北省钟祥市样本数据统计截止到 2017 年底。湖北省武汉市东西湖区的样本数据统计截止到 2018 年 10 月底。

表 8-3 的数据显示，举家迁移定居农户家庭的宅基地面积、住房面积、耕地面积和农用固定资产总值均比举家迁移未定居农户家庭小。举家迁移未定居农户家庭耕地面积较大，为 4.14 亩，而举家迁移定居农户家庭耕地面积为 2.66 亩；举家迁移未定居农户家庭农用固定资产总值为 14764.82 元，大于举家迁移定居农户家庭的 3892.00 元，可见举家迁移定居农户家庭已经很少保留农用固定资产；举家迁移定居农户家庭对宅基地、住房的估值更高，为 186896.55 元，而举家迁移未定居农户家庭对宅基地、住房的估值为 116652.17 元；举家迁移未定居农户家庭意愿住房年租金为 12905.17 元，而举家迁移定居农户家庭意愿住房年租金为 23000.00 元，更趋向于将农村住房租出去。

举家迁移农户家庭耕地经营类型如表 8-4 所示。

表 8-4　举家迁移农户家庭耕地经营类型　　（%）

耕地经营类型	举家迁移未定居农户家庭（对照家庭）（钟祥市）	举家迁移定居农户家庭（武汉市）
家人耕种	20.77	8.57
亲友代种	27.69	30.72
耕地流转	35.38	32.14
其他情况	16.15	28.57

数据来源：基于研究的调查数据。湖北省钟祥市样本数据统计截止到 2017 年底。湖北省武汉市东西湖区的样本数据统计截止到 2018 年 10 月底。

表 8-4 的数据显示，多数举家迁移定居农户家庭已经不再从事农业生产经营，仅 8.57%的定居农户家庭选择家人耕种，其他处置方式是选择亲友代种、有偿流转等（占 91.43%），其中也出现了抛荒闲置现象。举家迁移未定居农户家庭更多选择以耕地流转方式处置耕地（占 35.38%），选择家人耕种的占 20.77%，高于举家迁移定居农户家庭选择家人耕种的比例（8.57%）。总体上举家迁移未定居农户家庭和举家迁移定居农户家庭耕地抛荒闲置现象均比较严重。

举家迁移农户家庭宅基地、住房处置意愿对照如表 8-5 所示。

表 8-5　举家迁移农户家庭宅基地、住房处置意愿对照　　（%）

宅基地、住房处置意愿	举家迁移未定居农户家庭（对照家庭）（钟祥市）	举家迁移定居农户家庭（武汉市）
保留备用（在使用）	40.91	17.24
有偿转让	9.09	10.34
现金补偿	0	0
置换住房	0	0
闲置（没有使用）	50.00	72.42

数据来源：基于研究的调查数据。湖北省钟祥市样本数据统计截止到 2017 年底。湖北省武汉市东西湖区的样本数据统计截止到 2018 年 10 月底。

表 8-5 的数据显示，多数举家迁移定居农户家庭闲置了宅基地、住房（72.42%）；举家迁移未定居农户家庭闲置宅基地、住房的占比为 50.00%。说明两类家庭对农村宅基地、住房抵御风险功能的认知程度较高。举家迁移定居农户家庭已经将农村房产作为自家休闲的后花园。

8.1.2 定居城市阶段农户家庭的农民工务工状况

定居城市阶段农户家庭的农民工在城市的工作状态决定了家庭总收入，以及定居城市生活支出的承受力，其取决于农民工自身条件和城市劳务市场状况。

举家迁移农户家庭的农民工职业技能和技能培训状况如表 8-6 所示。

表 8-6 举家迁移农户家庭的农民工职业技能和技能培训状况 (%)

农民工职业技能	举家迁移未定居农户家庭（对照家庭）（钟祥市）	举家迁移定居农户家庭（武汉市）
无技能等级	52.46	52.80
初级技工	28.28	18.00
中级技工	11.89	19.30
高级技工	4.92	7.50
技师	1.41	1.90
高级技师	2.05	0.60
农民工技能培训状况	举家迁移未定居农户家庭（对照家庭）（钟祥市）	举家迁移定居农户家庭（武汉市）
没有参加	50.82	34.50
学徒工	21.72	13.80
自费技能培训	15.16	3.40
政府组织培训	2.87	10.30
企业组织培训	9.43	37.90

数据来源：基于研究的调查数据。湖北省钟祥市样本数据统计截止到 2017 年底。湖北省武汉市东西湖区的样本数据统计截止到 2018 年 10 月底。

表 8-6 的数据显示，相比举家迁移未定居农户家庭，在举家迁移定居农户家庭的农民工中，中高级技工的比例较高，接受培训的比例较高，特别是参加企业组织培训的比例较高，职业技能水平与城市需求逐步一致。

举家迁移农户家庭农民工外出务工年数如表 8-7 所示。

表 8-7 举家迁移农户家庭农民工外出务工年数 (%)

举家迁移未定居农户家庭（对照家庭）（钟祥市）	累计外出务工年数占比	当前城市务工年数占比	当前每人务工年数占比
1 年以下	2.5	5.3	18.9
1~3 年	12.7	23.4	36.5
4~5 年	17.2	22.5	19.3
6~9 年	32.0	21.7	12.7
10~14 年	19.7	13.9	5.3
15~19 年	9.0	6.1	4.9
20 年及以上	7.0	7.0	2.5
举家迁移定居农户家庭（武汉市）	累计外出务工年数占比	当前城市务工年数占比	当前每人务工年数占比
1 年以下	1.7	3.7	10.6
1~3 年	10.1	11.8	32.3
4~5 年	16.3	25.5	27.3
6~9 年	22.2	21.7	14.3
10~14 年	39.0	13.7	6.8
15~19 年	10.7	9.3	1.9
20 年及以上	1.7	14.3	6.8

数据来源：基于研究的调查数据。湖北省钟祥市样本数据统计截止到 2017 年底。湖北省武汉市东西湖区的样本数据统计截止到 2018 年 10 月底。

表 8-7 的数据显示，举家迁移未定居农户家庭农民工累计外出务工 6~9 年的占比为 32.0%，当前每人务工年数为 1~3 年的占比为 36.5%，当前城市务工年数 1~3 年的占比为 23.4%。举家迁移定居农户家庭农民工就业相对稳定，表现在 10~14 年累计务工时间长，占比为 39.0%；当前城市务工年数比举家迁移未定居农户家庭农民工的长；在当前城市务工时间占比最多的为 4~5 年。

举家迁移农户家庭农民工近 3 年更换单位情况如表 8-8 所示。

表 8-8　举家迁移农户家庭农民工近 3 年更换单位情况　　（%）

近 3 年更换单位数量	举家迁移未定居农户家庭（对照家庭）（钟祥市）	举家迁移定居农户家庭（武汉市）
没有更换	39. 13	43. 60
更换 1 家单位	26. 79	43. 40
更换 2 家单位	21. 74	10. 20
更换 3 家单位	8. 70	2. 80
更换 4 家单位	4. 35	0

数据来源：基于研究的调查数据。湖北省钟祥市样本数据统计截止到 2017 年底。湖北省武汉市东西湖区的样本数据统计截止到 2018 年 10 月底。

表 8-8 的数据显示，有 65. 92%的举家迁移未定居农户家庭的农民工 3 年更换 2 家以下的单位；举家迁移定居农户家庭农民工长时间稳定在一家工作单位，有 87. 00%的农民工 3 年更换 2 个以下的单位，说明举家迁移定居农户家庭在城市就业较为稳定。数据表明：举家迁移定居农户家庭农民工成为真正市民的预期相对稳定。

举家迁移农民工务工地点、务工行业和工作单位情况如表 8-9 所示。

表 8-9　举家迁移农民工务工地点、务工行业和工作单位情况

类别		举家迁移未定居农户家庭（对照家庭）（钟祥市）	举家迁移定居农户家庭（武汉市）
务工地点	直辖市	12. 3	24. 1
	省会（副省级）城市	25. 4	41. 4
	地级市	20. 1	34. 5
	县级市	25. 8	3. 4
	县城或小城镇	16. 4	0. 2
	农村	0	0
务工行业	工业	23. 4	31. 0
	建筑业	19. 7	24. 1
	商业	9. 4	17. 2
	餐饮和家庭服务业	22. 5	6. 9
	交通运输业	6. 6	20. 7
	农业	1. 6	0
	其他	16. 8	0. 5

续表

类别		举家迁移未定居农户家庭（对照家庭）（钟祥市）	举家迁移定居农户家庭（武汉市）
工作单位性质	国有企业	11.9	10.3
	个体工商户	38.1	20.7
	私营企业	35.7	27.2
	国家机关	2.9	14.1
	其他	11.5	27.6

数据来源：基于研究的调查数据。湖北省钟祥市样本数据统计截止到2017年底。湖北省武汉市东西湖区的样本数据统计截止到2018年10月底。

表8-9的数据显示，两类举家迁移农户家庭农民工务工地点、务工行业和工作单位性质都相对比较分散。举家迁移定居农户家庭农民工务工地点主要选择在省会（副省级）城市（占41.4%）和地级市（占34.5%）；务工行业主要是工业、建筑业、交通运输业；工作单位性质主要是私营企业、个体工商户及其他等。举家迁移未定居农户家庭农民工务工地点主要选择在县级市（占25.8%）和省会（副省级）城市（占25.4%），选择在地级市、县城或小城镇比例也较大，分别为20.1%和16.4%；务工行业主要为工业、餐饮和家庭服务业；工作单位性质以个体工商户和私营企业为主。

举家迁移农户家庭的城市务工年结余情况如表8-10所示。

表8-10　举家迁移农户家庭的城市务工年结余情况　　单位：元/户

指标	举家迁移未定居农户家庭（对照家庭）（钟祥市）	举家迁移定居农户家庭（武汉市）
城市务工年收入*	55803.34	104500.00
城市务工年结余**	11423.21	52693.12
储蓄或寄回家***	11423.21	52693.12

注：*表示务工收入与城市年均福利性收入之和；**表示总城市收入减去城市生活年支出；***表示由于调查无法得到真实的“储蓄或寄回家”的数据，研究假设“城市务工年结余”全部储蓄或寄回家。

数据来源：基于研究的调查数据。湖北省钟祥市样本数据统计截止到2017年底。湖北省武汉市东西湖区的样本数据统计截止到2018年10月底。

表8-10的数据显示，举家迁移定居农户家庭与举家迁移未定居农户

家庭相比消费水平变化明显。举家迁移定居农户家庭户均年结余 52693.12 元，储蓄或寄回家 52693.12 元；举家迁移未定居农户家庭户均年结余 11423.21 元，储蓄或寄回家 11423.21 元。

举家迁移农户家庭农民工进入城市渠道分布如表 8-11 所示。

表 8-11　举家迁移农户家庭农民工进入城市渠道分布　（%）

农民工进入城市渠道	举家迁移未定居农户家庭（对照家庭）（钟祥市）	举家迁移定居农户家庭（武汉市）
独自进城	13.0	20.7
跟随家庭其他成员进城	33.5	17.6
因企业到农村招工进城	13.0	13.8
因社会亲情网络进城	13.0	6.9
因工头或政府组织进城	17.4	31.0
因民间中介机构进城	7.2	6.8
因其他途径进城	2.8	3.3

数据来源：基于研究的调查数据。湖北省钟祥市样本数据统计截止到 2017 年底。湖北省武汉市东西湖区的样本数据统计截止到 2018 年 10 月底。

表 8-11 的数据显示，多数举家迁移未定居农户家庭成员通过“链式迁移”定居城市，“跟随家庭其他成员进城”是举家迁移未定居农户家庭成员进入城市务工的主要途径（占 33.5%）。举家迁移定居农户家庭农民工主要通过“因工头或政府组织进城”（占 31.0%）。

举家迁移农户家庭对城市环境与制度了解和应用状况如表 8-12 所示。

表 8-12　举家迁移农户家庭对城市环境与制度了解和应用状况

指标	举家迁移未定居农户家庭（对照家庭）（钟祥市）	举家迁移定居农户家庭（武汉市）
家庭了解各种保险含义比率（%）	78.30	88.00
农民工由企业缴纳“五险一金”比率（%）	55.60	63.20
农民工愿意购买保险比率（%）	61.80	69.60
家庭了解《劳动法》的程度（1~10）	3.58	4.75
家庭具有法律维权意识比率（%）	81.90	86.90

续表

指标	举家迁移未定居农户家庭（对照家庭）（钟祥市）	举家迁移定居农户家庭（武汉市）
家庭愿意用法律维权比率(%)	86.90	97.60
家庭了解法律维权作用评价(1~10)	8.39	8.87
农民工劳务合同签订率(%)	87.81	88.70
农民工对劳务合同条款了解程度(1~10)	7.92	8.10
农民工对合同条款修订率(%)	6.45	9.50
农民工认为劳务合同条款公平性(1~10)	7.62	7.10
农民工认为合同对保护权益的作用(1~10)	6.50	7.80
家庭对城市环境综合评价(1~10)	7.80	7.41
家庭对城市政治环境评价(1~10)	8.90	5.40
家庭对城市经济环境评价(1~10)	6.70	7.30
家庭对城市文化环境评价(1~10)	8.90	9.00

数据来源：基于研究的调查数据。湖北省钟祥市样本数据统计截止到2017年底。湖北省武汉市东西湖区的样本数据统计截止到2018年10月底。

表8-12的数据显示，举家迁移定居农户家庭与举家迁移未定居农户家庭相比，对城市政治环境的满意度降低。因为在定居城市没有享受到市民待遇，需要付出更多的成本。举家迁移定居农户家庭希望用法律保护合法权益，相对于城市市民对城市环境了解更少、制度评价更低，如对城市政治、经济、文化环境的满意度，对城市社保、法律、劳务合同的运用等方面。说明举家迁移定居农户家庭融入城市环境存在困难，不能参与企业、社区的政治和群体生活，不能享受城市分配体系给予市民的高收入、高就业、高福利，不能享受城市丰富多彩的社区文化生活。没有被城市企业、单位所接受，城市企事业单位更愿意招聘原城市户籍的员工，签订劳务合同，并承担相应福利支出。举家迁移定居农户家庭参与城市社保和法律维权的意识和意愿还没有达到市民水平，依然游离于城市边缘，并没有完全被城市环境和制度接受。

举家迁移农户家庭的市民化意愿及主要障碍如表8-13所示。

表 8-13 举家迁移农户家庭的市民化意愿及主要障碍 （%）

定居城市意愿	举家迁移未定居农户家庭（对照家庭）（钟祥市）	举家迁移定居农户家庭（武汉市）
定居	32.3	25.2
不定居	49.6	62.6
不清楚	18.1	12.1
主要障碍	**举家迁移未定居农户家庭（对照家庭）（钟祥市）**	**举家迁移定居农户家庭（武汉市）**
经济原因	74.6	41.5
制度原因	10.4	23.9
风险因素	15.0	34.6

数据来源：基于研究的调查数据。湖北省钟祥市样本数据统计截止到 2017 年底。湖北省武汉市东西湖区的样本数据统计截止到 2018 年 10 月底。

表 8-13 的数据显示，举家迁移定居农户家庭定居城市意愿与举家迁移未定居农户家庭相比略有下降，说明定居障碍使举家迁移定居农户家庭对定居城市萌生退意，更加说明当前城市接纳方式不利于农户家庭定居城市实现市民化；经济原因也是两类农户家庭定居城市的主要障碍。对于举家迁移定居农户家庭来说，租房面临随时解除合同和搬家的风险。另外，房租价格、电费标准、居住舒适度难以满足举家迁移农户家庭对居住环境的高预期。按照武汉市的住宅市场行情，若要租住舒适度更好、契约稳定性更高小区的两居室商品房，需要支付 2000~3000 元/月的房租。其租住成本和买房支付的贷款月供差不多，这也使更多农户家庭产生了“租房不如买房”的想法，换言之，租房带来的高成本与契约的不确定性，造成了农户居住的潜在心理风险，这与长期在城市工作的稳定性形成悖论，购房成为化解这一悖论实现城市定居决策的最优选择。

希望政府为举家迁移农户家庭定居城市提供的保障如表 8-14 所示。

表 8-14 希望政府为举家迁移农户家庭定居城市提供的保障 （%）

政府提供保障	举家迁移未定居农户家庭（对照家庭）（钟祥市）	举家迁移定居农户家庭（武汉市）
最低工资保障	35.4	8.4
保障性住房或廉租房保障	24.4	13.2

续表

政府提供保障	举家迁移未定居农户家庭（对照家庭）（钟祥市）	举家迁移定居农户家庭（武汉市）
社会保障	4.7	11.4
医疗条件保障	6.3	23.2
工作、生活环境保障	7.1	10.2
子女教育条件保障	9.4	19.2
权益保障	11.0	12.2
其他保障	1.6	2.2

数据来源：基于研究的调查数据。湖北省钟祥市样本数据统计截止到2017年底。湖北省武汉市东西湖区的样本数据统计截止到2018年10月底。

表8-14的数据显示，举家迁移定居农户家庭认为政府最需要为城市务工者提供的是医疗条件保障、子女教育条件保障；举家迁移未定居农户家庭认为政府最需要为城市务工者提高最低工资水平，提供保障性住房或廉租房（占24.4%），这说明举家迁移未定居农户家庭相对举家迁移定居农户家庭更希望获得稳定居住条件。此外，两类家庭都提出了权益保障诉求。在教育方面，能否让随迁子女就地接受较好的教育成为重要关注点。教育本质上是一种公共物品，是一种由公共财政供给、具有公平与均等化特点的资源。但在有限的教育资源供给背景下，城市的教育本身也成了重要的竞争性资源，深刻影响着农户家庭的乡—城迁移决策。对于农民工群体而言，他们基于自身相对曲折的务工经历，更加期望子女能够通过接受优质教育而在未来过上更美好的生活，因此，子女能享受相对优质教育对于农民工群体而言是一种发展性的需求。具体来看，农民工子女教育实践表现为以青少年为主体、以农民工家庭为单位的“教育城镇化”浪潮。随着城乡教育政策的完善，城市基础教育的准入门槛并不高，并没有从政策设置上排斥农民工子女享受基础教育，如在郑州市，只要在本地固定居住（包括租房）半年以上且父母一方在当地缴纳社保半年以上就可以入读当地的公办中小学，很多农户家庭子女都能达到上述要求。正因为入学条件本身不具备筛选性，因而需要进一步提升自身条件，进而获得更优质的教育资源。

举家迁移农户家庭选择定居城市的原因分布情况如表8-15所示。

表 8-15 举家迁移农户家庭选择定居城市的原因分布情况 (%)

原因	举家迁移未定居农户家庭（对照家庭）（钟祥市）	举家迁移定居农户家庭（武汉市）
子女教育条件好	38.6	17.2
社保水平高	6.3	17.2
生活条件好	33.1	20.7
就业稳定，有低保、下岗扶持	11.8	55.2
福利水平高	6.3	13.8
有保障性住房或廉租房	0.8	0.0
身份平等	0.6	0.0
子女高考容易	0.0	0.0

数据来源：基于研究的调查数据。湖北省钟祥市样本数据统计截止到 2017 年底。湖北省武汉市东西湖区的样本数据统计截止到 2018 年 10 月底。

表 8-15 的数据显示，举家迁移未定居农户家庭选择定居城市的原因主要是子女教育条件好(38.6%)和生活条件好(33.1%)。举家迁移定居农户家庭选择定居城市的原因主要是就业稳定，有低保、下岗扶持(55.2%)和生活条件好(20.7%)。

8.2 定居城市阶段农户家庭成本—收入结构分析

根据调查数据，举家迁移未定居农户家庭共 34 家，举家迁移定居农户家庭共 29 家，其成本—收入结构如表 8-16 所示。其中，举家迁移定居农户家庭的数据无法得到，研究使用武汉市东西湖区定居农户家庭的数据，调查样本选择祖籍是湖北的举家迁移定居农户家庭。

表 8-16 举家迁移农户家庭成本—收入结构

举家迁移未定居农户家庭（对照家庭）（钟祥市）				举家迁移定居农户家庭（武汉市）			
成本		收入		成本		收入	
农村生活成本(元)	0	城市务工收入(元)	91950.00	农村生活成本(元)	0	城市务工收入(元)	111125.00
城市生活成本(元)	44380.13	城市就业率(%)	84.10	城市生活成本(元)	51806.88	城市就业率(%)	80.34

续表

举家迁移未定居农户家庭（对照家庭）（钟祥市）				举家迁移定居农户家庭（武汉市）			
成本		收入		成本		收入	
居住成本（元）	6340.13	城市福利性收益（元）	591.30	居住成本（元）	6439.20	城市福利性收益（元）	648.28
通信成本（元）	657.38	城市福利性收益获得率（%）	23.10	通信成本（元）	405.72	城市福利性收益获得率（%）	54.70
医疗成本（元）	457.41	农村资产收入（元）	2000.00	医疗成本（元）	609.66	农村资产收入（元）	10240.00
教育成本（元）	3320.00	农村务工、务农收入（元）	110.87	教育成本（元）	2390.74	农村务工、务农收入（元）	0
其他成本（元）	4700.00	农村福利性收益（元）	712.86	其他成本（元）	4106.90	农村福利性收益（元）	665.45
流动成本（元）	177.00	农村福利性收益获得率（%）	23.10	流动成本（元）	227.78	农村福利性收益获得率（%）	0
		其他收入（元）	11108.33			其他收入（元）	10597.50
总成本（元）	60032.05	总收入（元）	106473.16	总成本（元）	65986.88	总收入（元）	133276.23

数据来源：基于研究的调查数据。湖北省钟祥市样本数据统计截止到 2017 年底。湖北省武汉市东西湖区的样本数据统计截止到 2018 年 10 月底。

表 8-16 的数据显示，两类家庭总收入相近，但举家迁移定居农户家庭比举家迁移未定居农户家庭稍高。举家迁移定居农户家庭工资水平、就业率较高，城市福利性收益较高。举家迁移未定居农户家庭比举家迁移定居农户家庭总支出少 5954.83 元，说明举家迁移定居农户家庭的城市生活支出增加，有些支出超过举家迁移未定居农户家庭支出的水平。

8.3 定居城市阶段农户家庭的决策影响因素分析

定居城市是家庭最重要的决策，也是市民化的关键。

根据调查数据可分析影响定居城市决策的主要因素与作用方向。

在定居城市阶段，年龄、农村资产处置意愿、居住支出、务工人员从事农业生产年数对定居决策有负向影响，家庭人均支出对定居决策有负向影响。与半迁移阶段相比，成员结构、农村经营性收入、农村食品支出、农村其他收入、务工结余、技能培训、城乡福利性收益、城市环境总体评价等因素对定居决策影响不再显著，说明在定居城市阶段，家庭的农村收支状况已经不重要。在定居城市阶段农户家庭更希望对农村资产进行市场交易，并用于定居城市的成本开支。

农民工的外出务工时间和工作单位的性质对定居城市决策有显著的正向影响。随着外出务工时间的增加，在个体经营单位和私营单位工作的农民工，其家庭更倾向于定居城市。

返乡距离和从事农业生产的年数对定居城市决策有显著的负向影响。工作城市距离老家越近，越有利于定居城市。这说明若农村老家附近的城市能够满足定居的收入和生活要求，农户家庭不会选择离乡太远的城市定居。

农户家庭城市医疗保险参加意愿及重要性对定居城市决策有正向影响，即城市医疗保险参加意愿越强烈，医疗保险对农户家庭作出定居决策的正向影响越大。半迁移农户家庭、举家迁移未定居农户家庭和举家迁移定居农户家庭认为参加医疗保险很重要，但举家迁移定居农户家庭对医疗保险的重要性评价已经大大降低，城市家庭则认为参加养老保险很重要。若依然将医疗保险作为重要险种，则说明农民工依然从事城市高危行业的工作，经受着健康威胁；若出现意外，其定居城市的基础就不存在了，也很难作出定居城市的决策。

农户家庭对社保、务工合同和用工法律等维权能力的评价对定居城市有正向影响。家庭认为运用社保体系、务工合同、法律法规有效维护家庭成员合法权益能力增强，说明农户家庭正在逐步融入城市，懂得运用制度获益，其定居城市概率会显著增加。

制度性风险对定居城市决策有显著负向影响。在定居城市进程中，除经济因素外，城市制度、城市单位和市民对农户家庭的排斥，是其定居城市的重要障碍。农户家庭只有冲破这道障碍产生的心理负担和风险，才能被城市接受，从而实现城市定居和融入。

8.4 小结

从举家迁移未定居农户家庭向举家迁移定居农户家庭状态转变是农户家庭“链式迁移”的第三个链条，是“定居城市阶段”，是农户家庭完成市民化进程中关键的环节之一。

举家迁移定居农户家庭相对于举家迁移未定居农户家庭具体有如下特点：①举家迁移定居农户家庭户均劳动力和抚养子女数量相对较多，即家庭成员数较多。②举家迁移定居农户家庭和举家迁移未定居农户家庭的总收入差距不大，而举家迁移定居农户家庭总支出相对较高。③举家迁移定居农户家庭相对于举家迁移未定居农户家庭的宅基地和住房面积、耕地面积和固定资产价值较小。④相对于举家迁移未定居农户家庭，举家迁移定居农户家庭中，有技术、懂管理的农民工比例明显增加，自费或接受政府、企业培训的人数也逐步增多。他们的累计务工时间、在同一城市务工时间明显增长，职业相对稳定，已经形成了长期定居城市的预期。举家迁移定居农户家庭在务工地和职业选择上更加从容和理性，地级市等中等城市是他们的理想选择。⑤举家迁移定居农户家庭相对于举家迁移未定居农户家庭对城市政治环境的满意度降低，希望用社会保障和相关法律来保护成员的合法权益。⑥举家迁移定居农户家庭相对于举家迁移未定居农户家庭，更愿意定居在大城市、省会(副省级)城市、地级市等经济、人口、地域占一定优势的城市，因为这些城市机会较多，工作搜寻成本低，工作转换相对容易。

影响农户家庭定居决策的主要因素如下：农户家庭对城市环境与制度的了解和应用；家庭成员人均开支增加对定居城市有负向影响；农户农村耕地和房产处置意愿对定居决策有负向影响；农民工外出务工时间增加和工作单位性质对定居城市决策有正向影响，务工地与老家距离和务工前从事农业生产的年数对定居城市决策有显著的负向影响；农户家庭参加城市医疗保险意愿越强烈，参加医疗保险越有利于进行定居决策；农户家庭运用社保体系、务工合同、法律法规维护家庭成员的合法权益能力增强时，定居城市概率会显著增加；城市制度、城市单位和城市原居民对农户家庭的排斥是农户家庭定居城市的重要障碍。

影响农户家庭定居决策的主要因素排序如下：按正向影响程度从大到小排序：对城市环境与制度的了解和应用、农民工外出务工时间增加、参加医疗保险、农户家庭社保体系完善、务工合同规范、法律法规维护家庭成员的合法权益能力增强。按负向影响程度从大到小排序：农村福利性收益高、家庭成员数量多、劳动力数量多。

与举家迁移未定居农户家庭比较研究的结论为：总体上举家迁移未定居农户家庭比举家迁移定居农户家庭总支出少；举家迁移未定居农户家庭的定居点更倾向于选择省会(副省级)城市和地级市、县级市、县城或小城镇；举家迁移定居农户家庭定居城市意愿与举家迁移未定居农户家庭相比略有下降，说明定居障碍使举家迁移定居农户家庭对定居城市萌生退意；举家迁移未定居农户家庭相对于举家迁移定居农户家庭更希望获得稳定居住条件，而举家迁移定居农户家庭主要选择政府提供工作条件、生活条件、医疗和社会保障等；举家迁移定居农户家庭与举家迁移未定居农户家庭相比，对城市政治环境的满意度降低；“跟随家庭其他成员进城”是举家迁移未定居农户家庭成员进入城市务工的主要途径，举家迁移定居农户家庭农民工主要通过工头或政府组织进入城市务工；举家迁移定居农户家庭比举家迁移未定居农户家庭农民工在城市就业稳定；举家迁移定居农户家庭的农民工接受培训的比例增加，特别是参加企业组织培训的比例增加。

对城市接纳方式选择的启示为：设法提高家庭对城市环境与制度的了解与评价透明度；提高农民工外出务工时间；提高参加医疗保险、家庭社保比率；务工合同、法律法规维护家庭成员合法权益的能力增强。提高城市市民对农户家庭的接纳度。

9 融入城市阶段农户家庭迁移决策与迁移行为分析

9.1 融入城市阶段农户家庭的状态分析

融入城市阶段是农户乡—城迁移行为的第四个链条，是农户家庭市民化过程的终止。农户家庭成员融入城市阶段是市民化四个阶段中难度最大的阶段。

本章通过对融入城市阶段农户家庭、举家迁移定居农户家庭与城市市民家庭的比较分析，说明融入城市阶段农户家庭成为城市市民家庭的过程及融入城市阶段农户家庭与举家迁移定居农户家庭的差异。通过对从“定居阶段”到“融入阶段”的决策与迁移行为进行分析，说明影响融入决策与融入行为的因素。两类被访农户家庭状况对照如表 9-1 所示。

表 9-1　两类被访农户家庭状况对照

农户家庭状态	农户家庭特征	决策阶段
举家迁移定居农户家庭	全部成员迁入城市，在城市有家庭式独立居所，成员户籍仍在农村	融入城市决策
融入城市的农户家庭	家庭成员全部在城市，有城市家庭式独立居所，户籍在城市	成为市民决策

此阶段的家庭与其他类型家庭的决策方式及其影响因素都有差异。在研究中为进行比较，引入市民家庭的数据进行研究。

在调查中发现，举家迁移定居农户家庭已经生活在城市，无法获取这类家庭的数据。研究采用武汉市东西湖区的、已经定居的、湖北籍家庭的数据进行比较研究，共选取29户举家迁移定居农户家庭、9户融入城市农户家庭、16户市民家庭，对融入城市行为进行比较性描述（见表9-2）。数据主要涉及家庭成员结构、家庭收支结构、城市社区环境状况以及对城市环境与制度了解和应用状况等。

表9-2 多种迁移状态的家庭样本数据的数量分布 单位：户

本阶段研究的样本总数	举家迁移定居农户家庭（武汉市）	融入城市农户家庭（武汉市）	市民家庭（武汉市）
54	29	9	16

数据来源：基于研究的调查数据。湖北省武汉市东西湖区的样本数据统计截止到2018年10月底。

被访家庭成员的数量与结构情况如表9-3所示。

表9-3 被访家庭成员的数量与结构情况 单位：人/户

家庭成员数量与结构	举家迁移定居农户家庭（武汉市）（对照家庭）	融入城市农户家庭（武汉市）	城市市民家庭（武汉市）（对照家庭）
成员总量	4.00	4.94	4.14
劳动力（在城市务工）	3.24	3.42	3.05
非劳动力（在城市）	0.76	1.52	1.09
劳动力（在农村务农）	0	0	0
非劳动力（在农村）	0	0	0
子女（未成年）数量	0.44	0.79	0.76
老人（不能劳动成员）数量	0.32	0.73	0.73

数据来源：基于研究的调查数据。湖北省武汉市东西湖区的样本数据统计截止到2018年10月底。

表9-3的数据显示，与举家迁移定居农户家庭相比，融入城市农户家庭的成员总量更多，为4.94人；在城市务工劳动力更多，为3.42人；且在城市非劳动力数量更多，为1.52人。与融入城市农户家庭相比，城市市民家庭的成员总量较少，为4.14人；在城市务工劳动力较少，为3.05人；且在城市非劳动力数量更少，为1.09人。城市市民的家庭规模比举家迁移定居农户家庭和融入城市农户家庭小，在成员结构中，户均赡养老人数量与子女数量均比举家迁移农户家庭多；融入城市农户家庭规模较大的主要

原因是成年子女和未成年子女数量较多，因为举家迁移定居农户家庭处于城市居民群体的边缘，不受城市计划生育政策的影响，在农村逐步放开二孩政策的作用下户均子女数量增加。

被访家庭对城市环境与制度的了解和应用状况如表 9-4 所示。

表 9-4　被访家庭对城市环境与制度的了解和应用状况

指标	举家迁移定居农户家庭（武汉市）（对照家庭）	融入城市农户家庭（武汉市）	市民家庭（武汉市）（对照家庭）
家庭了解各种保险含义比率(%)	88.00	93.36	98.00
农民工由企业缴纳“三险一金”比率(%)	63.20	80.26	97.50
农民工愿意购买保险比率(%)	69.60	91.48	95.40
家庭了解《劳动法》的程度(1~10)	4.75	6.00	8.61
家庭具有法律维权意识比率(%)	86.90	91.26	98.23
家庭愿意用法律维权比率(%)	97.60	98.10	100.00
家庭了解法律维权作用评价(1~10)	8.870	9.485	9.800
农民工劳务合同签订率(%)	88.70	92.12	84.85
农民工对劳务合同条款了解程度(1~10)	8.10	9.10	9.75
农民工对合同条款修订率(%)	9.50	10.50	25.00
农民工认为劳务合同条款公平性(1~10)	7.100	8.485	8.740
农民工认为合同对保护权益的作用(1~10)	7.800	7.879	6.710
家庭对城市环境综合评价(1~10)	7.41	7.79	8.50
家庭对城市政治环境评价(1~10)	5.40	5.70	5.70
家庭对城市经济环境评价(1~10)	7.30	8.30	7.82
家庭对城市文化环境评价(1~10)	8.90	9.40	9.80

数据来源：基于研究的调查数据。湖北省武汉市东西湖区的样本数据统计截止到 2018 年 10 月底。

表 9-4 的数据显示，融入城市农户家庭相对于举家迁移定居农户家庭对城市环境评价更好，制度评价更高。融入城市农户家庭比城市市民家庭对城市环境了解更少，制度评价更低，如对城市政治、环境的满意度，对城市社保、法律、劳务合同的运用等方面，这说明农户家庭融入城市环境存在困难，难以顺利参与企业、社区的政治和群体生活，不能享受城市分配体系给予市民的高收入、高就业、高福利，不能享受城市丰富多彩的社

区文化生活。调查中发现，城市企事业单位更愿意招聘原城市户籍的员工，签订劳务合同，并承担相应福利支出。融入城市初期，农户家庭参与城市社保和法律维权的意识和意愿还没有达到市民水平。在现实中，一些农民工在薪资、福利、合同保障等方面被企业区别对待，甚至出现男女工人、城乡工人同工不同酬的现象，这种用工歧视造成农民工与城镇职工收入上的显著差异，损害了农民工的合法权益。延缓了农民工融入城市进程。

9.2 融入城市阶段农户家庭成本—收入结构分析

融入城市农户家庭和城市市民家庭的总收入、总支出差距较大，城市市民家庭的工资水平和就业率、城市福利性收益及其获得率相对较高。

2018 年城市市民家庭的户均总收入高于融入城市农户家庭的，但举家迁移定居农户家庭的生活、居住、教育支出高于城市市民家庭的，户均总支出也高于城市市民家庭，这说明融入城市农户家庭在取得市民身份前，还需要为家庭融入城市生活而努力，如购房支出、子女城市教育支出等。

表 9-5 的数据显示，城市市民家庭的年结余高于融入城市农户家庭的年结余；融入城市农户家庭的年结余低于举家迁移定居农户家庭的年结余。由此可见，农户家庭从融入城市到成为市民，需要较多的迁移成本和生活成本，但对城市美好生活的向往是农户家庭成为市民家庭的动力所在。

表 9-5 被访农户家庭年结余情况 单位：元

家庭类型	定居地	户均年结余
举家迁移定居农户家庭（武汉市）（对照家庭）	武汉市	67400. 95
融入城市农户家庭（武汉市）	武汉市	38832. 16
市民家庭（武汉市）（对照家庭）	武汉市	52693. 12

数据来源：基于研究的调查数据。湖北省武汉市东西湖区的样本数据统计截止到 2018 年 10 月底。

表 9-6 的数据显示，在农民工职业技能水平方面，举家迁移定居农户家庭无技能等级农民工占比是 52. 8%、初级技工占比是 18. 0%、中级技工占比是 19. 3%、高级技工占比是 7. 5%；融入城市家庭务工成员中已经没

有上述等级的人员，都是技师、高级技师等级的成员。举家迁移定居农户家庭没有参加过农民工职业技能培训的人员数量明显高于融入城市农户家庭；融入城市农户家庭的家庭成员多数参加过自费技能培训、政府组织培训、企业组织培训。由此可见，农户家庭若想融入城市，加强技能培训、提高职业技能是关键。

表 9-6 被访农民工职业技能和技能培训情况 (%)

农民工职业技能等级	举家迁移定居农户家庭（武汉市）（对照家庭）	融入城市农户家庭（武汉市）
无技能等级	52.8	0
初级技工	18.0	0
中级技工	19.3	0
高级技工	7.5	0
技师	1.9	42.4
高级技师	0.6	57.6
农民工职业技能培训	**举家迁移定居农户家庭（武汉市）（对照家庭）**	**融入城市农户家庭（武汉市）**
没有参加	34.5	9.1
学徒工	13.8	9.1
自费技能培训	3.4	33.3
政府组织培训	10.3	21.2
企业组织培训	37.9	27.3

数据来源：基于研究的调查数据。湖北省武汉市东西湖区的样本数据统计截止到 2018 年 10 月底。

9.3 融入城市阶段农户家庭的决策影响因素分析

融入城市阶段是农户乡—城迁移行为的第四个链条，是农户家庭市民化过程的终止，是家庭成员通过迁移行为改变成员城乡配置状态、家庭收支状态、生活环境状态的过程。影响融入城市阶段决策的主要因素有：家庭成员结构、劳动力结构、成本—收益差异、耕地等处置意愿、农村福利、城市整体环境。此外，风险厌恶型的家庭更不容易融入城市。

家庭收入因素对融入城市农户家庭产生正向影响；融入城市的农户家庭更倾向于在服务岗位中工作，比如开个网店。在数字化条件下，服务将更重视线下体验感和互动性，且线下活动要更加个性化，互动性更强，使得线下活动不能够被线上活动所取代，品牌、口碑和流量会带来更高的附加值，从而提升融入城市阶段农户家庭收入。

家庭劳动力占比对融入城市农户家庭产生正向影响，经过派出首个农民工阶段、城乡流动阶段后，融入城市家庭劳动力占比增加保证了家庭收入增加。家庭成员年龄偏大、受教育程度不高、缺乏数字化技能的不容易融入城市。特别是在农户家庭中，非劳动力人口越多越不容易融入城市。

举家迁移定居农户家庭与城市市民家庭的总收入和总支出差距不大，举家迁移定居农户家庭收支水平已经接近甚至超过了城市市民的收支水平，但融入城市农户家庭与举家迁移定居农户家庭、城市市民家庭对城市经济、政治、文化环境的满意度和对城市社保、法律、劳务合同的运用能力存在明显差异。

融入城市农户家庭对城市环境综合评价提升，对融入城市有显著正向影响。家庭对城市环境与制度的了解和评价是影响其融入城市决策的关键因素。其中，对城市环境的总体评价、养老保险参加意愿及其重要性和利用法律维权的意识对其融入城市有显著正向影响。此外，举家迁移定居农户家庭的人均支出水平、农民工务工地点选择对其融入城市有正向影响；举家迁移定居农户家庭医疗支出水平对其融入城市有负向影响。

9.4 小结

与举家迁移定居城市农户家庭、城市市民家庭对比研究说明，融入城市阶段农户家庭进一步成为城市市民家庭的过程是非常重要的。

影响融入城市阶段农户家庭决策的主要影响因素按影响程度大小排序如下：家庭劳动力数量，城市整体环境评价水平，子女数量、老人数量，耕地等家庭处置方式是否合理等。

对城市接纳方式选择的启示如下：①改善城市环境，提高融入城市农户家庭对城市环境综合评价水平。对于各级政府而言，必须把创造当地优良的营商环境作为稳定经济、保持可持续发展的重点之策、长久之策，只有企业活得好，就业市场才能稳得住；要杜绝一方面出台大量的就业政策，另一方面又缺乏服务市场主体意识甚至是刁难农民工、为难企业现象的发生。政府吸纳就业政策不能简单地“一奖了之”“一补了之”“一免了之”，资金、经费投入后，必须有后续的追踪、评估、考核等环节，既要确保政策资金投放的真实性，也要力求农民工就业保障政策的有效性。②提升农户家庭的数字化能力，便捷农户家庭与城市间的信息交流，扩大农户迁移的社会资本积累，有利于农户获得更多的就业信息、创业机会、技能指导、资金援助，提升农户融入城市的能力。

10

针对不同类型家庭的城市接纳方式研究

10.1 派出首个农民工阶段农户家庭的城市接纳方式研究

10.1.1 派出首个农民工的农户家庭关注的主要问题

派出首个农民工农户家庭的首个家庭劳动力进城务工是“链式迁移”的第一个链条，是从纯农村家庭向农户家庭状态的转变，是家庭成员城乡配置、家庭收支变化、生活环境变化的开始。影响农户家庭此阶段决策的主要因素是家庭成员、劳动力结构，成本—收益差异，耕地等处置意愿，城市整体环境等。

派出首个农民工农户家庭关注的主要问题是城市的职业技能培训、家里自有的宅基地面积与价值、农村住房和耕地处置流转的难易程度、提供的城市用工信息和渠道、城市务工工资收入的高低。

10.1.2 城市对首个外出农民工的接纳方式选择

一般来说，首个外出农民工的职业技能较差，技术和技能培训状况也不理想。所以，城市接纳首个外出农民工，需要加强其职业技能培训，提升其数字化技能。首个外出农民工已经开始考虑家庭宅基地、住房和耕地保障和处置问题。首个外出农民工很少通过中介组织、企业到农村招工、政府劳务组织等搜寻工作，而经常采用熟人社会的关系解决就业问题。

城市接纳首个外出农民工时，应注重加强农民工劳务组织建设、就业平台和职业介绍部门建设。首个外出农民工注重在城市务工的经济收入水平，城市接纳方式选择要以提高工资为主，就业领域以制造业为主。城市对首个外出农民工的接纳方式选择如下：

1. 提升工资性收入

人口流入地政府要通过搭建农户家庭就业平台，为进入城市的首个农民工提供职业推荐、就业信息、岗位培训、数字化技能培训、法律法规等服务。针对年轻农民工开展数字化职业培训活动，依托各类大中型企业和职业院校，开展在岗农民工数字化技能岗前培训、数字化技能提升培训以及援企稳岗以工代训，提升年轻农民工的文化知识和技能水平，提高首个农民工的工资性收入。

2. 注重提供数字化岗位

数字化时代，城市接纳农民工需要为数字化技能人才提供相关岗位。数字化技能人才是指具有数字化技术应用能力、产品协同能力、项目管理能力的人才。① 农民工经过一定的数字化技能培训，能胜任直播、数字化营销等基础性工作，并且，具有这些技能的农民工可以在不同地区间实现工作的无缝切换。

3. 建立社会资本网络

对于首个外出农民工，融入城市需要在一个城市具有长期的生活经验，懂得该城市的风土人情，具有一定的人脉，建立社会资本网络。在一个城市工作生活要面对很多本地化的市场需求，如到广东需要面对讲广东话的人、广东的生活方式和工作环境，到上海亦是如此。农民工在某个城市工作，需要与这个城市同呼吸、共命运，积累与城市的社会关系资本网络，甚至包括学习外语和方言，建立自己的人脉圈。

---

① 赵怡鑫．数字赋能高等教育人才培养的研究与转型方向——基于知识图谱的可视化分析(2001—2022年)[J]．华东科技，2023(3)．

10.2 半迁移阶段农户家庭的城市接纳方式研究

半迁移农户家庭劳动力进城务工是“链式迁移”的第二个链条，家庭成员在城乡间流动。在农户半迁移阶段，家庭成员分居在城乡两地，一般是青壮年劳动力在城市生活，留在农村的是老人和儿童，继续“半工半耕”家计模式。半迁移阶段农户家庭的交通费用比较高，一家人分离成为常态，家庭生活的幸福感指数比较低。

10.2.1 半迁移农户家庭关注的主要问题

农民工家庭迁移并非一次性、彻底与乡村脱嵌的模式，而是梯度的“链式迁移”过程。农户家庭关注的主要问题如下：

农民工对城市生活环境与制度的了解程度。农民工对城市生活越熟悉，生活就越适应，这是农民工家庭可持续和稳固转移的基础。

农民工技能培训情况。由于长期以来农村地区的教育实力普遍较为薄弱，导致农民工在城市的就业能力不足。在很多中小城市，当地企业对有技能有经验的一线工人的需求量庞大，特别是有数字化知识、懂数据分析技能的工人。营销、直播、电商、程序是诸多企业需要人才的重要领域。农民工接受技能培训越广泛，越容易在劳动力市场的正规部门工作，越容易进行农户家庭成员乡—城的“链式迁移”。

耕地处置方式。农村的土地和宅基地流转与处置方式越灵活，越有利于农户家庭成员的乡—城“链式迁移”。

城市福利性收益水平。城市福利性水平越高，人才引进制度越宽松，购房门槛越低，机会越多，社会保障制度越健全，越有利于促进农户家庭的乡—城“链式迁移”。

农民工家庭人均支出水平。城乡家庭的人均支出水平差别越大，城市家庭人均支出越高，越不利于促进农户家庭成员乡—城“链式迁移”。

10.2.2 城市对半迁移农户家庭的接纳方式选择

在数字化时代，农户家庭半迁移状态的城市化融入预期、技能需求及城市接纳空间都与以往不同，形塑了数字化时代背景下半迁移农户家庭城镇化实践的新模式。城市对该阶段农民工的接纳方式选择如下：

1. 提升劳动力的市场化程度

针对不同年龄段、不同身体状况的农民工，提供不同的就业渠道和就业机会，增加农民工及家人外出打工时间，[①] 形成有效的不同年龄、不同能力的农民工梯度就业模式；提高半迁移农户家庭对城市环境、规则与制度了解程度，降低农民工及家人的工作搜索成本，促进劳动力市场机会增加。

2. 注重农民工家庭的代际积累

在半迁移阶段，迁移城市的家庭成员形成了一定的城市融入能力（知识、技能和人际关系等）。在迁移能力的支持下，资源向其他家庭成员倾斜和转移。父代托举子代，子代引领父代融入城市或者进入更高层次的城市，持续推动着农户家庭成员的城市融入进程。

3. 加强本地城市基础设施建设

本地城镇吸纳农村剩余劳动力具有迁移成本低、迁移距离近、城市适应性强等特征，城镇化成本较低。所以，可在半迁移阶段设法让农户家庭成员在居住地附近城市务工，减少农户家庭的迁移成本和工作搜寻成本。

4. 开拓农民工进入城市务工渠道

针对本地城市的产业基础特点，构建本土化、立体化、多层次的创业就业空间，逐步形成农户家庭转移的全产业链务工模式，提高农民工在务工城市的经济收入和福利性收益。坚持目标导向和系统理念，聚焦农户家庭成员就业创业的核心问题，强化城市的要素保障机制，延长家庭成员在劳动力市场的职业转换周期，完善投资和创业优惠政策，提升农户家庭整体的经济福利和资产集聚能力。

5. 提升半迁移阶段农民工的城市融入技能

对于半迁移农户家庭来说，培养社会交往技能非常重要。制造业和服务业是现代城市的主要产业。在城市制造业和服务业工作岗位中，所有的

---

① Štefánik Miroslav, Lyócsa Štefan, Bilka Matúš. Using online job postings to predict key labour market indicators[J]. Social Science Computer Review, 2023, 41(5).

信息传递和服务质量都取决于与人打交道的能力和语言表达能力。作为农民工成员自身，有意识地培养语言表达能力和沟通能力尤为重要。

10.3 定居城市阶段农户家庭的城市接纳方式研究

从举家迁移未定居农户家庭向举家迁移定居农户家庭状态转变是“链式迁移”的第三个链条，是农户家庭全部成员“定居城市阶段”，是农户家庭完成市民化进程中的关键环节之一。

10.3.1 举家迁移未定居农户家庭关注的主要问题

根据调查结果，举家迁移未定居农户家庭关注的主要问题是：对城市环境与制度的了解和应用，家庭成员在城市生活的人均开支水平，农户在家乡耕地和房产处置方式，城市医疗保险水平，农户家庭的社保体系、与单位签订的务工合同、法律法规维护家庭成员合法权益的能力。

10.3.2 城市对举家迁移未定居农户家庭的接纳方式选择

设法提高家庭对城市环境与制度的了解与评价透明度，完善公共服务；政府部门针对中小型企业产业升级、企业数字化转型过程中数字化职业技能的新要求，为新入职农民工提供有针对性的职业引导和职业培训，在此过程中，也可以借助专业的人力资源服务机构的力量，将企业需求、劳动力资源直接整合、嵌入技能培训体系，实现来一批、学一批，学一批、用一批，使举家迁移未定居农户家庭农民工学完就会做、会做就上岗。另外，指导、鼓励用工单位特别是带动能力比较强的中小生产制造型企业，开展直播带岗、数字化营销、直播团队构建，减少容易形成虚夸情况并带给求职者负面影响的中间环节。

完善城市的社会保障制度，增强农户家庭运用务工合同、法律法规维护家庭成员合法权益的能力。完善农户家庭的社会保障制度，提升他们就业和居住的稳定性。建构一个能够让农民工和举家迁移外来人口通过积累城市生活经验，增加家庭成员就业可持续性的环境。提高农户家庭参加医疗保险、社会保险比率；发挥失业保险金作用，将其变成对企业雇佣员工(特别是青年员工)的补贴，让农户家庭留得下、过得好。

提升城市的包容性。促进城市职业教育普及，让举家迁移未定居农户家庭农民工有稳定的就业岗位和收入，使其不脱离劳动力市场，并且在就业过程中提升技能、积累经验，缓解技术创新给其带来的失业和工作不确定的冲击。对于一些新的业态、新的行业、新的职业，要形成包容性发展的环境，提升对农户家庭成员技能培训的质量和力度，促进举家迁移未定居农户家庭持续融入城市。

稳定心理预期。既要关注固定、长期雇佣可能带给中小型企业人力资源调整难度和成本上升的压力，更要关注短期雇佣农民工、员工频繁离职所带来的雇主品牌受损、员工心理受伤以及替换劳动力并实现工作有序交接困难等一系列隐性成本。只有企业的岗位稳下来、用工模式稳下来、福利待遇稳下来，才会和农民工形成良性互动的对接意愿和匹配逻辑，农民工对城市接纳的认知和预期才会稳下来，才能实现农民工就业的可持续发展。

注重加强青年农民工就业。对于思维活跃的青年农民工而言，他们具有一定的现代科技知识和数字化实用技能，能够充分捕捉城市发达地区和附近城镇内析出的公共服务资源与就业机会，借此实现工作与生活一体化，极大地推动农户家庭就地城市化的融入进程。

10.4 融入城市阶段农户家庭的城市接纳方式研究

在数字化时代，数字化技术开阔了农民工及其家庭成员的视野，把农民工及其家庭成员从繁重的农业劳动中解放出来，实现向城市的“链式迁移”。与举家迁移定居城市农户家庭、城市市民家庭的比较研究说明，融入城市阶段农户家庭成为城市市民家庭的过程是推进市民化的最后一个链条。

10.4.1 融入城市农户家庭关注的主要问题

调查发现，融入城市农户家庭关注的主要问题是，家庭对城市环境综合评价、家庭对城市政治环境评价、家庭对城市经济环境评价、家庭对城市文化环境评价的高低。城市经济环境、政策环境、自然生态环境、子女受教育便利度、就业创业的营商环境、生活便利度影响了农户最终融入城市的决策。

10.4.2 城市对融入城市农户家庭的接纳方式选择

针对融入城市的农户家庭，所在地城市接纳方式选择是，改善和优化城市自然环境，提高融入城市农户家庭对城市环境综合评价水平。

继续把扩大就业放在突出位置。首先，城市产业、企业发展政策要密切联系积极的就业政策。不断推进经济产业结构调整，顾及和满足农村劳动力转移就业和进城农民工稳定就业的现实要求，大力推动数字化产业、高新技术产业和劳动密集型产业均衡发展，稳定和提高传统产业的就业吸纳能力；重点发展现代服务业和数字化产业，培植就业新的增长点；为中小型企业发展创造良好的政策环境，促进中小型企业与大型骨干企业共同发展，增加农户城镇就业机会。另外，一些大型互联网公司可以为青年农民工就业提供场景和机会，包括职业早期的支持计划，以及新业态、新技术的引领，包括 ChatGPT 的前景、应用以及技术上的培训和技术普及等，以就业推进新型城镇化。

增强对农户就业的吸纳和保障能力。大中型城市要继续改善农民工的就业环境，提高农民工的就业质量，提升吸纳农村转移人口就业的能力；县城和重点镇要加大基础设施和社会服务建设投入力度，促进特色产业、优势项目集聚，提高综合承载能力，吸纳农村人口就地转移和集中；通过规划加强区域协调，城市群内加快实现资源共享，提高中小城市和小城镇的产业和人口集聚能力，延长中小型企业的产业链条，积极发展生产型服务业，抓住产业结构转型升级的有利时机，拓展转移人口非农就业空间。

在信贷、税收、用地等方面实施优惠措施以创业促就业，带动农村劳动力转移，促进农民工自雇就业，推进举家迁移，形成促输出与返乡创业的良性互动局面。以自雇就业优化农户家庭劳动力资源再配置。

健全人力资源市场和覆盖农民工的公共就业服务。在数字化条件下，建立农村劳动力资源登记系统，实行城乡统一的就业登记制度，推进跨地区公共就业服务机构间的信息对接，加强政府公共就业信息服务对农村劳动力转移就业和合理流动的指导作用。有条件的城市可全面放开落户制度，有效提高户籍人口的城镇化率，进而缩小差距，促进人口自由流动。[①] 使举家迁移农户家庭获得更多的就业信息、创业机会、技能指导、资金援助，提升农户融入城市的能力。

① 浙江省政府官网。

11 结论

11.1 主要结论

11.1.1 农户乡—城迁移行为包含空间、时间和行业三个维度

空间维度指迁移的空间选择。行业维度指迁移行业选择。时间维度指农户家庭融入城市的过程，以及代际选择。现有研究多集中在空间维度和行业维度，对农户乡—城迁移行为进行时间维度的研究相对较少。农户乡—城迁移行为包括多种迁移状态、四个迁移决策阶段、三种迁移方式，对应着四种城市接纳方式选择。

11.1.2 对于不同阶段的农户家庭，城市接纳方式不同

对于派出首个农民工的农户家庭，城市接纳方式选择的关键是解决首个外出农民工的职业技能较差、技能培训状况也不理想问题。城市接纳首个外出农民工，需要加强职业技能培训。派出首个农民工农户家庭已经开始考虑家庭宅基地、住房和耕地保障和处置问题。首个外出农民工很少利用中介组织、企业到农村招工、政府劳务组织等方式进城。城市接纳首个外出农民工时，应注重加强农民工劳务组织建设和职业中介机构建设。首个外出农民工注重在城市务工的经济收入，城市接纳方式选择要以提高工资为主。

对于半迁移农户家庭，城市接纳方式选择的关键是农户家庭对城市环

境与制度了解程度、农民工技能培训情况、耕地处置方式、城市社区福利性收益水平、农村家庭人均支出水平。城市接纳半迁移农户家庭时，应注重增加农民工外出务工时间，设法让农民工长期外出务工；提高半迁移农户家庭对城市环境与制度的了解和应用；提高农村基础教育水平，增加农户家庭成员受教育年限；设法让农民工在居住地附近城市务工；开拓农民工进入城市务工渠道；提高农民工在务工城市社区的福利性收益等。

对于举家迁移农户家庭，城市接纳方式选择的关键是农户家庭对城市环境与制度的了解和应用，家庭成员人均支出水平，农户农村耕地和房产处置方式，城市医疗保险水平，农户家庭借助社保体系、务工合同、法律法规维护家庭成员合法权益的能力。

对于融入城市农户家庭，城市接纳方式选择的关键是农户家庭的城市环境综合评价、城市政治环境评价、城市经济环境评价、城市文化环境评价。应改善城市环境，提高融入城市农户家庭对城市营商环境、经济环境、生态环境的综合评价水平。

11.2 研究展望

在城市化浪潮下，我国劳动力的乡—城迁移以“家庭户”为基本单元，以梯度、“链式迁移”为主要特征，对不同迁移阶段、不同类型的农户家庭，城市接纳方式有其异质性特征。本书基于对农户家庭乡—城迁移决策的效用分析和成本—收益分析，从理论和实证层面探讨了派出首个农民工阶段、半迁移阶段、举家迁移阶段、融入城市阶段的特点和问题，并针对不同阶段的城市接纳方式进行了比较系统的研究，得出了一些有价值的结论。但受笔者研究能力、对资料把握深度等因素限制，仍有一些问题未能在书中深入探讨，还需在进一步研究中加以推进。

对于数字化时代的农户家庭迁移行为决策而言，宏微观领域的数据均十分重要。农户家庭乡—城迁移行为与城市接纳方式涉及社会、心理、经济等多个层面，而本书多是在经济学视角下研究，需要进一步研究社会关系、社会网络、心理预期等因素，以期利用不同区域和不同领域相关数据进一步锤炼理论，验证本书假说，尤其是微观层面大样本的统计分析对于结论验证将有所裨益。

实证分析结果和现实案例表现有颇多趋同之处，从而可以相互验证。但也存在控制变量实证结果与现实差异较大，甚至结论相反的情况，原因是实证分析中样本量大小、抽样方法不同。相对于数字化时代我国成千上万的农户家庭和不同个性的农民工个体而言，本书选择的研究微观样本数量有限，案例分析的样本数量相对较少。因此，应充实和完善微观领域的数据，使得研究更加全面深入。

对农户家庭乡—城迁移行为长期性分析的深刻性不足。本书中由于动态面板数据调查、收集的困难，对迁移决策只进行了静态理论和实证分析，并没有进行动态理论和实证分析。此外，本书没有对第二代农民工问题进行研究，而是将第二代农民工与第一代农民工列入相同的类型分析，这是下一步需要研究的问题。研究设计的促进农户乡—城迁移行为的对策也需要进一步修正。

总之，本书以发展经济学理论、二元经济理论为基础，汲取马克思主义经济学和西方主流经济学的劳动力迁移思想，从动态视角揭示了数字化时代农户家庭乡—城“链式迁移”的机理，并提出了相应的城市接纳方式。针对研究的不足，未来有待进一步完善相关指标体系，进行更深入的实证分析和科学验证。

参考文献

[1] 温铁军．八次危机：中国的真实经验 1949—2009[M]．北京：东方出版社，2013.

[2] 蔡昉．劳动力迁移的两个过程及其制度障碍[J]．社会学研究，2001(4).

[3] 曾亿武，丘银．我国农民工市民化成本研究综述[J]．安徽农业科学，2012(40).

[4] 陈丰．从“虚城市化”到“市民化”：农民工城市化的现实路径[J]．社会科学，2007(2).

[5] 陈江南．农民工市民化水平以及影响因素研究[D]．武汉：湖北大学，2013.

[6] 成德宁．城市化与经济发展：理论、模式与政策[M]．北京：科学出版社，2004.

[7] 程名望，史清华，徐剑侠．中国农村劳动力转移动因与障碍的一种解释[J]．经济研究，2006(4).

[8] 单菁菁．城市农民工社会适应状况与生活满意度调查[M]．济南：山东人民出版社，2006.

[9] 范红忠．我国农村劳动力转移过程的成本分析[J]．农村经济，2006(3).

[10] 范剑勇，王立军，沈林洁．产业集聚与农村劳动力的跨区域流动[J]．管理世界，2004(4).

[11] 甘满堂．社会学的“内卷化”理论与城市农民工问题[J]．福州大学学报，2005(1).

[12] 郭金兴．1996—2005 年中国农业剩余劳动力估算：基于随机前沿

模型分析[J]. 南开经济研究，2007(4).

[13] 国务院研究室课题组. 中国农民工调研报告[M]. 北京：中国言实出版社，2005.

[14] 韩俊. 农民工市民化进程的总体态势与战略取向[J]. 改革，2011(5).

[15] 韩长赋. 中国农民工发展趋势与展望[J]. 经济研究，2006(6).

[16] 黄祖辉. 浙江农民工市民化：农村居民进城决策及进城农民境况研究[J]. 浙江社会科学，2004(1).

[17] 简新华. 从农民到农民工再到市民：中国农村剩余劳动力转移的过程[J]. 中国地质大学学报，2007(6).

[18] 柯兰君，李汉林. 都市里的村民：中国大城市的流动人口[M]. 北京：中央编译出版社，2001.

[19] 李汉林，王琦. 关系强度作为一种社区组织方式：农民工研究的一种视角[M]. 北京：中央编译出版社，2001.

[20] 李晋玲，刘人境. 城市化测度方法研究[J]. 西北大学学报(哲学社会科学版)，2007(37).

[21] 李强. 农民工与中国社会分层[M]. 北京：社会科学文献出版社，2012.

[22] 林建永，张同林. 推进农民工市民化的选择探索：基于上海市农民工状况调查的研究[J]. 南方农村，2009(3).

[23] 刘传江，周玲. 社会资本与农民工的城市融合[J]. 人口研究，2004(5).

[24] 刘传江. 中国农民发展及其面临的问题：农民工生存状态边缘化与市民化[J]. 人口与计划生育，2004(11).

[25] 刘小年. 农民工市民化的政策研究：主体的视角[M]. 长沙：湖南人民出版社，2010.

[26] 刘铮. 劳动力无限供给的现实悖论："农民工回流"的成因及效应分析[J]. 清华大学学报，2006(3).

[27] 卢国显. 我国大城市农民工与市民社会距离的实证研究[J]. 中国人民公安大学学报，2006(4).

[28] 陆林 . 融入与排斥的两难：农民工入城的困境分析[J]. 西南大学学报(社会科学版)，2007(6).

[29] 路小昆，等 . 徘徊在城市边缘：城郊农民市民化问题研究[M]. 成都：四川人民出版社，2009.

[30] 莫艳清 . 城市农民工市民化问题研究综述[J]. 长春工程学院学报，2009(3).

[31] 农业部课题组 . 21 世纪初期我国农村就业及剩余劳动力利用问题研究[J]. 中国农村经济，2000(5).

[32] 欧向军，甄峰，秦永东 . 区域城市化水平综合测度及其动力分析：以江苏省为例[J]. 地理研究，2008(27).

[33] 钱文荣，黄祖辉 . 中国农民工：长江三角洲 16 城市农民工市民化问题[M]. 北京：中国社会科学出版社，2007.

[34] 史溪源 . 对农民工城市归属感缺乏的原因分析：以社会流动的视角[J]. 山东行政学院学报，2011(5).

[35] 孙战文，杨学成 . 农户家庭成员市民化的影响因素分析——基于山东省 1334 个城乡户调查数据的 Logistic 分析[J]. 中国农村观察，2013(1).

[36] 杨宗耀，陈品，纪月清 . 农地确权如何影响农户举家迁移——对政策推广不同阶段影响差异的考察[J]. 中南财经政法大学学报，2022(4).

[37] 田珍 . 农民市民化的路径选择与逻辑次序：基于农民群体分化的视角[J]. 农村经济，2010(6).

[38] 王春光 . 农民工的社会流动和社会地位的变化[J]. 江苏行政学院学报，2003(4).

[39] 王美艳 . 转轨时期的工资差异：歧视的计量分析[J]. 数量经济技术经济研究，2003(5).

[40] 王西玉，崔传义，赵阳 . 打工与回乡：关于部分民工回乡创业的研究[J]. 管理世界，2003(7).

[41] 文军 . 论农民市民化的动因及其支持系统：以上海市郊区为例[J]. 华东师范大学学报，2006(4).

[42] 吴萌 . 我国农民工市民化现状分析与对策研究[J]. 科技创新与生产力，2014(3).

[43] 吴兴陆，亓名杰．农民工迁移决策的社会文化影响因素探析[J]．中国农村经济，2005(1)．

[44] 吴业苗．居村农民市民化：何以可能？——基于城乡一体化进路的理论与实证分析[J]．社会科学，2010(7)．

[45] 谢建社．新产业工人阶层：转型中的农民工[M]．北京：社会科学文献出版社，2012.

[46] 徐维祥，唐根年．基于产业集群成长的浙江省农村劳动力转移实证研究[J]．中国农村经济，2004(6)．

[47] 徐志旻．进城农户家庭城市适应性：福州市五区 132 户进城农户家庭的调查[J]．福州大学学报，2004(1)．

[48] 薛伟芳，刘金新．关于近年来我国农民工市民化研究现状分析[J]．现代农业，2012(10)．

[49] 严于龙．对农民工收入影响因素的初步分析[J]．中国统计，2006(1)．

[50] 阳俊雄．农业劳动力转移的新阶段及对农民收入增长的影响[J]．统计研究，2001(5)．

[51] 杨东．城市化进程中农民市民化问题研究[J]．理论探索，2003(6)．

[52] 杨肖丽，韩洪云，王秋兵．代际视角下农民工居住环境影响因素研究：基于辽宁省的抽样调查[J]．中南财经政法大学学报，2015(7)．

[53] 杨云彦．劳动力流动、人力资本转移与区域政策[J]．人口研究，1999(9)．

[54] 张国胜．中国农民工市民化：社会成本视角的研究[M]．北京：人民出版社，2008.

[55] 张新岭，赵永乐．农民工就业：人力资本和社会资本的耦合分析[J]．农村经济，2007(12)．

[56] 张昭时，钱雪亚．城乡分割、工资差异和就业机会不平等[J]．中国人口科学，2011(3)．

[57] 郑风田．利用“城乡融合”新途径实现乡村振兴[N]．北京日报，2017-11-20(14)．

[58] 郑杭生．农民市民化：当代中国社会学的重要研究主题[J]．甘肃社会学，2005(8)．

[59] 中共湖北省委工作部．三农问题[M]．武汉：湖北省三农产业研究院有限公司，2013.

[60] 中国社会科学院农村发展研究所组织与制度研究室．大变革中的乡土中国[M]．北京：社会科学文献出版社，2004.

[61] 钟水映，李魁．农民工"半市民化"与"后市民化"衔接机制研究[J]．中国农业大学学报，2007(3)．

[62] 周井娟．城市农民工社会保障状况行业比较研究[J]．农村经济，2007(12)．

[63] 周天勇．中国剩余劳动力转移和就业容量扩张的思路[J]．经济研究，2001(3)．

[64] 朱君丽．农民工市民化的决策因素研究[D]．重庆：西南大学，2012.

[65] 朱信凯，张晨，杨晓婷．习近平农业思想及十八大以来的实践[J]．经济社会体制比较，2017(5)．

[66] 朱信凯．农民市民化的国际经验及对我国农民工问题的启示[J]．中国软科学，2005(1)．

[67] 高原，高晨曦，赵凯．宅基地退出对农户家庭消费的影响：基于家庭人口结构的调节作用[J]．南京农业大学学报(社会科学版)，2023，23(4)．

[68] 吴冰彬，王林萍．数字普惠金融对农户家庭发展韧性的影响研究[J]．技术经济与管理研究，2023(7)．

[69] 翁婷婷．共同富裕背景下政府治理农民工欠薪问题机制优化研究[D]．杭州：浙江中医药大学，2023.

[70] 林龙飞，祝仲坤．频繁换工：数字技术助推农民工"短工化"现象吗？[J]．南京农业大学学报(社会科学版)，2023，23(3)．

附录　乡—城迁移的农户家庭现状调查问卷

家庭分类(　　)

您好！感谢您在百忙之中填写问卷，我们是××××大学的师生，正在进行“农户乡—城迁移行为与城市接纳方式研究”调研。为广泛获取信息，您的回答对本研究至关重要，敬请您给予大力支持。

调查家庭分类：

代码	农户家庭状态
A	纯农村家庭
B	半迁移农户家庭
C	派出首个农民工农户家庭
D	举家迁移未定居农户家庭
E	举家迁移定居农户家庭
F	融入城市农户家庭

1. 农户家庭成员数量与结构基本情况(ABCDEF 填写)：

(1)家庭成员数量：________

(2)家庭农村劳动力数量：________

(3)家庭城市劳动力数量：________

(4)家庭农村非劳动力数量：________

(5)家庭城市非劳动力数量：________

(6)家庭子女数量：________

(7)家庭老人数量：________

2. 农户家庭农村资产情况(ABCDEF 填写)：

(1)家庭宅基地面积(亩)：________

(2)家庭耕地面积(亩)：________

(3)家庭住房面积(平方米)：________

(4)家庭转租耕地年租金(元)：________

(5)家庭宅基地、住房总值(万元)：________

(6)家庭农用固定资产总值(元)：________

(7)家庭意愿住房年租金(元)：________

3. 农户家庭宅基地、住房处置意愿选择(单项选择)(ABC 填写)：

○给城镇户口，无偿放弃　○给城镇户口，有偿放弃

○其他方式，请注明

4. 农户家庭耕地处置意愿选择(单项选择)(ABCDE 填写)：

○保留自种　○亲友代种　○有偿流转

○入股分红　○抛荒闲置

5. 农户家庭城市环境与制度了解和应用情况(ABCDEF 填写)：

(1)是否明确知道"五险一金"?

○10　○9　○8　○7　○6　○5

○4　○3　○2　○1　○0

(2)企业是否为您缴纳"五险一金"?

○是　○否

(3)是否愿意购买保险?

○是　○否

(4)企业或政府负担 50%，是否愿意购买保险?

○是　○否

(5)是否了解《劳动法》《工伤保险条例》?

○10　○9　○8　○7　○6　○5

○4　○3　○2　○1　○0

(6)是否具有法律维权意识?

○10　○9　○8　○7　○6　○5

○4　○3　○2　○1　○0

(7)是否愿意用法律维权?

○是　○否

(8)法律维权作用评价：

○10　○9　○8　○7　○6　○5

○4　○3　○2　○1　○0

(9)是否签订劳务合同?

○是　○否

(10)了解合同条款程度：

○10　○9　○8　○7　○6　○5

○4　○3　○2　○1　○0

(11)合同条款修订率：

○10　○9　○8　○7　○6　○5

○4　○3　○2　○1　○0

(12)合同未修订时，合同条款公平性：

○10　○9　○8　○7　○6　○5

○4　○3　○2　○1　○0

(13)合同保护合法权益能力：

○10　○9　○8　○7　○6　○5

○4　○3　○2　○1　○0

(14)未签订合同时，就业权益保护信心：

○10　○9　○8　○7　○6　○5

○4　○3　○2　○1　○0

(15)城市政治环境评价均值：

○10　○9　○8　○7　○6　○5

○4　○3　○2　○1　○0

(16)城市经济环境评价均值：

○10　○9　○8　○7　○6　○5

○4　○3　○2　○1　○0

(17)城市文化环境评价均值：

○10　○9　○8　○7　○6　○5

○4　○3　○2　○1　○0

6. 农户家庭定居城市意愿情况（ABCDEF 填写）：

（1）家庭定居城市意愿（单项选择）：

○定居　　○不定居　　○不确定

（2）家庭成员选择成为市民的意愿（单项选择）：

○愿意　　○不愿意　　○不确定

（3）家庭定居城市的主要障碍是（单项选择）：

○经济原因　　○制度原因　　○风险因素

7. 农户家庭选择定居城市原因分布情况（ABCDEF 填写）：

（1）家庭选择定居城市原因（选择四项并排序）：

排序	主要原因
	城市收入高，生活条件好
	子女教育条件好
	城市精神文化丰富
	城市可以找到挣钱多的工作
	其他原因

（2）家庭成员选择成为市民的主要原因（选择四项并排序）：

排序	主要原因
	教育条件好
	社保水平高
	生活条件好
	子女高考容易
	就业稳定，有低保
	福利水平高
	身份平等
	城市人体面
	城里退休工资和社会保障好
	农民负担过重
	其他原因

8. 农民工成为市民的主要标志（选择三项并排序）（ABCDEF 填写）：

排序	主要标志
	取得城市户口
	稳定的工作和较高的收入
	具有和市民相同的生活方式和价值观念
	成为企业的正式职工
	享有和市民一样的待遇
	在城市购买了住房

9. 农民工成为市民后面临的主要问题（ABCDEF 填写）：

排序	主要问题
	城市消费水平高，支出大
	在城市买房负担重
	城市压力大，生活累
	孩子在城市上学费用高
	在城市受歧视、地位低
	看病难、看病贵
	城市风险大，失业后没有生活保障
	其他问题

10. 不希望成为市民的主要原因（选择三项并排序）（ABCDEF 填写）：

排序	主要原因
	城市压力大，生活累
	在城市买房负担重、买不起
	城市消费水平高
	不想放弃承包地
	在城市受歧视、地位低
	没有户口，得不到城市居民待遇
	城市就业风险大，失业后没有生活保障
	城市教育费用高
	其他问题

11. 农户家庭选择返乡原因分布情况(选择四项并排序)(ABCDEF 填写):

排序	主要原因
	生活安逸，压力小
	生态环境好
	人员熟悉，关系融洽
	消费低
	生活更习惯
	有助于身心健康

12. 农民工就业状况(BCDEF 填写):

(1)期望就业的单位性质是什么?

○行政事业单位　○国有企业　○三资企业

○集体企业　○个体、私营企业

(2)认为劳动保护状况如何?

○很好或较好　○一般　○较差或没有

(3)是否有拖欠工资情况?

○偶尔　○经常　○没有

(4)是否参加社会养老保险?

○是　○否

(5)是否参加社会医疗保险?

○是　○否

(6)请对就业单位进行评价:

○满意或较满意　○一般　○不满意或很不满意

13. 农户家庭希望政府为其定居城市提供的保障情况(选择三项并排序)(BCDEF 填写):

排序	保障项目
	最低工资保障
	保障性住房或廉租房保障
	社会保障

续表

排序	保障项目
	医疗条件保障
	工作、生活环境保障
	子女教育条件保障
	权益保障
	其他保障

14. 农户家庭月结余情况(ABCDEF 填写):

(1)居住于省会或副省级城市户月均结余: ________

(2)居住于地级市户月均结余: ________

(3)居住于县城或小城镇户月均结余: ________

15. 农民工的成本—收入结构情况(BCDEF 填写):

(1)每户平均每月结余: ________

(2)家庭生活于农村的成本: ________

(3)家庭生活于城市的成本: ________

(4)家庭的居住成本: ________

(5)家庭的通信成本: ________

(6)家庭的医疗成本: ________

(7)家庭的教育成本: ________

(8)家庭的其他成本: ________

(9)家庭的流动成本: ________

(10)家庭城市务工收入: ________

(11)城市福利性收益: ________

(12)城市福利性收益获得率: ________

(13)家庭农村财产性收入: ________

(14)家庭农村务工、务农收入: ________

(15)农村福利性收益: ________

(16)农村福利性收益获得率: ________

(17)其他收入: ________

16. 农民工职业技能和技能培训情况（BCDEF 填写）：

（1）农民工职业技能等级：

○无技能等级　○初级技工　○中级技工

○高级技工　○技师　○高级技师

（2）农民工职业技能培训渠道：

○没有参加　○学徒工　○自费技能培训

○政府组织培训　○企业组织培训

17. 农民工外出务工年数情况（BCDEF 填写）：

（1）农民工累计外出务工年数：

○1 年以下　○1~3 年　○4~5 年

○6~9 年　○10~14 年　○15~19 年

○20 年及以上

（2）农民工当前城市务工年数：

○1 年以下　○1~3 年　○4~5 年

○6~9 年　○10~14 年　○15~19 年

○20 年及以上

（3）农户家庭当前每人务工年数：

○1 年以下　○1~3 年　○4~5 年

○6~9 年　○10~14 年　○15~19 年

○20 年及以上

18. 农民工务工情况（BCDEF 填写）：

（1）农民工务工行业：

○工业　○建筑业　○商业

○餐饮和家庭服务业　○交通运输业　○农业

○其他

（2）农民工务工地点：

○直辖市　○省会或副省级城市　○地级市

○县级市　○县城或小城镇　○农村

（3）农民工工作单位性质：

○国有企业　○个体工商户　○私营企业

○国家机关　　　　○其他

19. 近 3 年更换单位情况（BCDEF 填写）：

○没有更换　　　　○更换 1 家单位　　○更换 2 家单位

○更换 3 家单位　　○更换 4 家单位

20. 农民工城市务工收入结余情况（BCDEF 填写）：

（1）农民工城市务工结余：________

（2）农民工储蓄或寄回家数额：________

（3）农民工城市生活年支出总数：________

（4）农民工每月食品支出：________

（5）农民工居住支出：________

21. 农民工入城渠道分布情况（BCDEF 填写）：

○自己进城　　　　○跟其他成员一起　○农村招工

○社会亲情网络　　○工头　　　　　　○民间中介

○其他途径，请注明

后　记

在数字化时代，乡村群众的价值诉求、生产生活方式都在发生着巨大变革，农户乡—城迁移行为既是实现农村农业现代化的要求使然，更是我国经济全面迈向高质量发展的最大空间、最大潜力、最大优势所在。

农户乡—城迁移行为是扩大内需、促进国民经济平稳快速发展的需要，是实施乡村振兴战略的具体行动，是利用社会和市场的力量，以城带乡、以工促农、城乡融合，撬动和推进农业农村现代化的具体行动。农户乡—城迁移行为贯彻了新发展理念，是着力解决城乡发展中的不平衡不充分问题、带动更多农民脱贫致富奔小康的有效方式。农户家庭的链式乡—城迁移行为盘活了农村闲置资源，初步形成了双向互动的城乡发展一体化格局。本书将“链式转移”作为一个核心概念置于人口迁移理论框架中，是对西方主流经济学的一个理论观点上的挑战。

感谢北京大学政府管理学院黄恒学教授，四川大学张衔教授、龚勤林教授、杜江教授，南昌职业大学朱占峰教授、程文忠教授等专家对书稿的建议，他们真诚严谨的治学精神和学术素养，让我们受益匪浅；感谢郑州师范学院陈西川教授、张琮副教授、赵红强博士，郑州国家中心城市研究院杜学霞教授等在学习和工作上给予的支持和帮助；感谢为审阅书稿而付出辛勤汗水的编辑们，感谢他们在百忙之中审阅内容，并提出完善本书的有益建议。

在本书的写作过程中，四川大学经济学院岳洪竹博士、吴先强博士、蒙长玉博士、徐强博士、郭利梅博士等对书稿的撰写给予了极大的支持和帮助，督促我们在学习上孜孜不倦并坚持不懈，对此心存谢意。

赵威　段小力　杜为公

2023 年 9 月 29 日